レンズがとらえた「代替わり」と新時代の息吹

江戸時代以来、約200年ぶりの
「生前退位」という歴史的な一年――。
どのような儀式が行われ、
新たな皇室はどのようなスタートを切ったのか。

＊提供先の表記がない写真は、すべて東京新聞提供

①令和初の新年一般参賀（2020年1月2日）
皇居の宮殿・長和殿の中央バルコニーから、国民に手を振る上皇さまご夫妻と天皇皇后両陛下

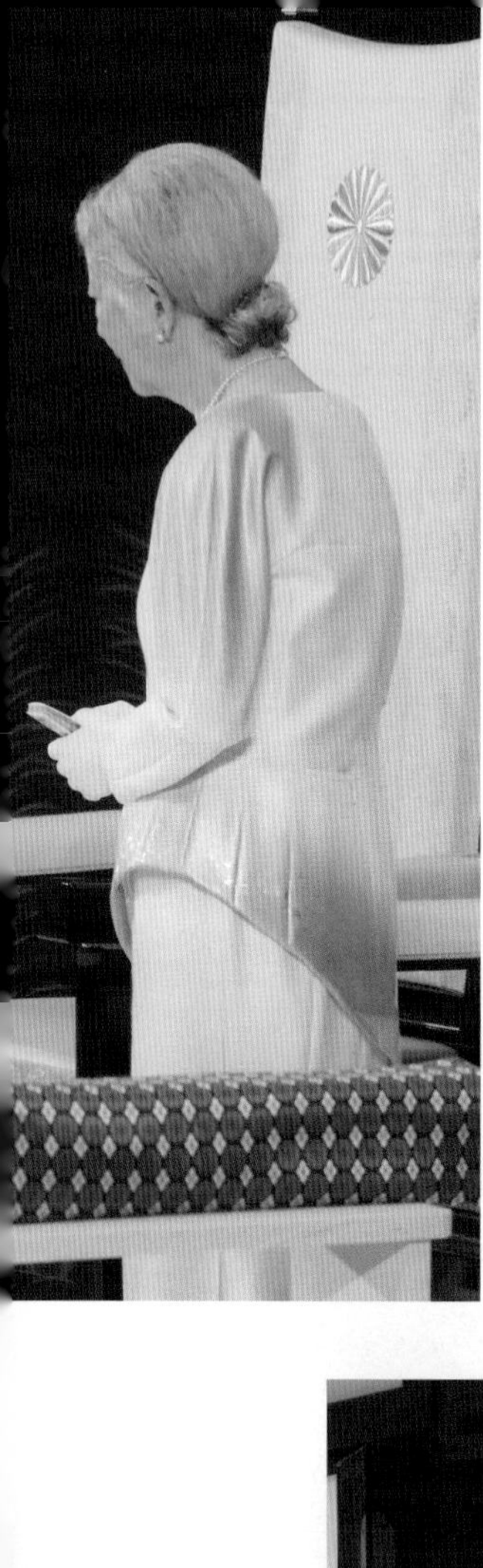

③退位礼正殿の儀（2019年4月30日）
天皇陛下（現・上皇さま）が退位前に最後に国民の代表である安倍晋三首相ら三権の長に会われる儀式で、陛下は「象徴としての私を受け入れ、支えてくれた国民に、心から感謝します。」など、お言葉を述べられた

②退位礼当日賢所大前の儀を終えた上皇さま（2019年4月30日）
賢所は、皇居・宮中三殿（賢所・皇霊殿・神殿）のうちのひとつで、皇祖神天照大御神が祀られている

④剣爾等承継の儀
（2019年5月1日）
皇居・宮殿「松の間」で剣爾等承継の儀に臨む天皇陛下。手前は「三種の神器」の剣と璽（勾玉）を案上に置く侍従

⑤トランプ大統領との会見
（2019年5月27日）
国賓として訪日したアメリカのトランプ大統領夫妻と会見される天皇皇后両陛下。即位後初の外国の元首との会見となった

⑥天皇皇后両陛下、即位後初の地方訪問
（2019年6月2日）
全国植樹祭（愛知県尾張旭市）の式典に出席された後に訪れた医療・療育施設「愛知県三河青い鳥医療療育センター」（同岡崎市）で、入所者と談笑される両陛下

⑦那須で静養される天皇ご一家（2019年8月19日）
静養先の那須御用邸（栃木県）に向かうため、JR那須塩原駅に到着された天皇皇后両陛下と長女愛子さま

⑧即位礼正殿の儀（2019年10月22日）
玉座「高御座」から即位を宣伝される天皇陛下。奥は「御帳台」に立たれる皇后雅子さま（共同通信社提供）

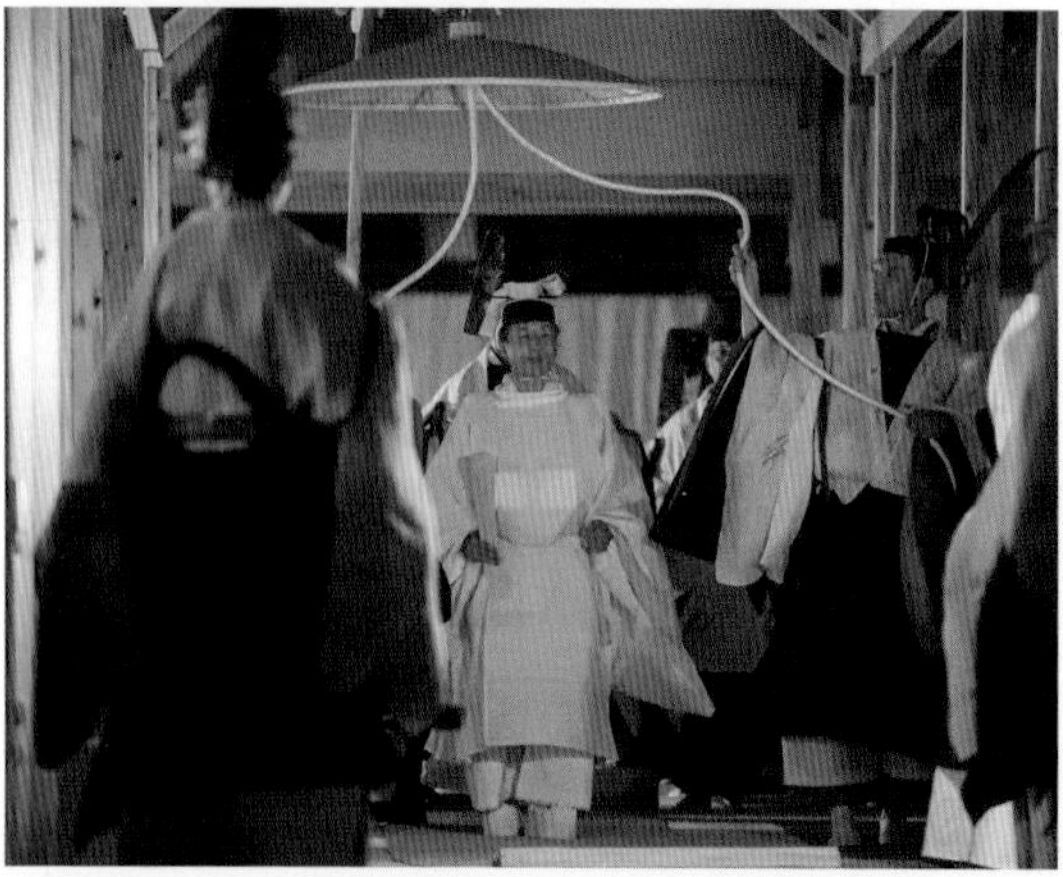

⑨大嘗宮の儀
（2019年11月14日・15日）
大嘗祭のうち、国家・国民の安寧と五穀豊穣などを感謝し祈念される大嘗宮の儀（悠紀殿供饌の儀・主基殿供饌の儀）で、祭服を着て悠紀殿に進まれる天皇陛下（14日。皇居・東御苑）

⑩親謁の儀
（2019年11月23日）
即位礼と大嘗祭後の親謁の儀で、前日の伊勢神宮外宮に続き内宮の参拝に向かわれる天皇陛下

⑪大嘗祭の中心的儀式である「大嘗宮の儀」が行われた大嘗宮
11月14日・15日の儀式後に行われた一般参観には、78万人以上の人々が訪れた（一般参観終了後に取り壊された）

令和の「代替わり」

変わる皇室、変わらぬ伝統

吉原康和

山川出版社

はじめに

「平成」が終わって、一年が経《た》った。皇太子徳仁《なるひと》親王が天皇に即位し、皇太子妃雅子さまが皇后となり、秋篠宮文仁《ふみひと》親王が皇嗣《こうし》となった。日本の皇室は、現行憲法の象徴天皇制下で生まれ育った戦後世代が中心的な役割を担う、新しい時代を迎えた。

平成と令和の代替わりでは、大きな違いと共通点があるが、三十年前の昭和天皇逝去に伴う代替わりのイメージはあまりにも強烈だった。「現人神《あらひとがみ》」として君臨した時代と、戦後の「日本国及び日本国民統合の象徴」という、「二世」を生きた昭和天皇の劇的な生涯とその存在の大きさから、筆者を含む国民の多くは無意識の中にも一つの時代の終焉を感じ取っていたのだろう。そして、天皇の逝去がないかぎり代替わりはない、という明治末期につくられた皇室の伝統がすり込まれ、いつの間にか天皇の終身在位は当たり前のように受け止めていた。その考えを根底から覆したのが、天皇の退位だった。

天皇の「逝去（崩御）」から「退位」に伴う代替わりへの転換の始まりで、明治以来続いてきた天皇の終身在位制が崩れた意味は大きい。しかし、こうした変化にもかかわらず、今回の代替わり儀式の多くは、大日本帝国憲法下に実施された大正、昭和の大礼を踏襲した平成の時とほぼ変わらなかった。政府はよく「憲法の趣旨に沿い、皇室の伝統に配慮した」と強調するが、ここで言う「皇室の伝統」とは、具体的にいつの時代の伝統を指すのか。中国（唐）風の影響、仏教色などを廃して神道一色に改めた即位礼や大規模化した大嘗祭《だいじょうさい》にみられるように、明治国家によって新たに創出された時代の産物という要素が少なくない。

上皇さまは、二〇〇九（平成二十一）年の結婚五十年の記者会見で、大日本帝国憲法で「元首にして統治権を総覧」すると規定された天皇と、現行憲法で「日本国及び日本国民の象徴」という天皇を比べ、象徴天皇の方が「長い歴史で見た場合、伝統的な天皇の在り方に沿うものと思う」と述べている。現在の天皇陛下も同様に、非政治的な面で精神的な存在の天皇を自らの理想として語ってきた。

令和の「代替わり」は、これまでの皇位継承とどこがどう違うのか。そして、この代替わりで何が変わり、何が変わらぬまま温存されたのだろうか。そのことを考えたいと思ったのが、本書を書く出発点だった。

筆者は上皇さまが退位をにじませた「おことば」を発した二〇一六年夏以降、約十三年ぶりに宮内庁担当となり、四年近くにわたって続いた平成から令和への「代替わり」のプロセスを担当記者の一人として見続けてきた。

本書は二部構成で、天皇退位に至る助走期間を含めおよそ四年間に及ぶ平成から令和への代替わりとは何か、その特徴を明らかにすることを主眼とした。

第一部では、令和の代替わりの契機となった上皇さまの「おことば」や関係者の話などから、天皇退位に込められた意味を浮き彫りにすると同時に、退位と不可分の関係にあった上皇ご夫妻による「葬儀改革」の試みなども取り上げた。また、天皇、皇后両陛下の始動や横顔にもスポットを当て、この機会に一般にあまり知られていない天皇（家）の仕事や宮中祭祀などもわかりやすく紹介しようと試みた。

第二部では、新例となった天皇の退位式である「退位礼正殿の儀」をはじめ、現天皇の皇位継承の最大のハイライト「即位礼正殿の儀」や「大嘗祭」、秋篠宮の「立皇嗣宣明の儀」に至る過程をウオッチしつつ、折に触れて感じた皇室の伝統に関する思いも記した。

いわば、本書は「公務」と「儀式」の両面から令和の代替わりの特徴やその意味を探り、この国のかたちを多面的に考察しようとする試みである。その狙いが達成されたかは心もとないが、本書が皇室の抱えるさまざまな課題や皇室の伝統のあり方などについて考える一助になれば幸いである。

本書はテーマ別に構成し、代替わり前後の記述が中心となるため、天皇、皇后両陛下や上皇ご夫妻をはじめとする皇族方の呼称は、新聞表記に倣い、現在の呼称を基本とし、歴史上の専門用語や皇室制度の説明などの際は記述を簡潔にするため敬称を割愛した。宮内庁幹部ら関係者の肩書きはその時点の表記とした。また、記者会見での発言やビデオメッセージなどの「おことば」は、宮内庁ホームページから引用したが、文意を損なわないかぎりにおいて一部省略して使用した。

なお、本書の記述は二〇二〇（令和二）年三月末現在で、それ以降の新型コロナウイルスの感染拡大に伴う変更はこの限りではない。

令和の「代替わり」もくじ

はじめに　2

序章　変わる皇室、変わらぬ伝統　10

称号は「上皇」「上皇后」、二重権威の回避で／天皇と上皇の役割の違い／退位後の公務はすべて新天皇に移譲／秋篠宮、皇太子待遇に／「上皇職」「皇嗣職」を新設／上皇夫妻、思い出の赤坂御用地へ／新例「退位礼」「立皇嗣の礼」の誕生／規定なく「前例踏襲」、変わらぬ「明治」の伝統

第1部　平成から令和へ

第1章　天皇退位への鼓動――2010〜2019年　22

歴史を動かした二〇一六年八月八日の「おことば」／平成の「人間宣言」／象徴の務め安定的に継承／二

人三脚で築き上げた平成の象徴天皇像／二〇一〇年真夏の参与会議／退位への固い決意／三者会談で意思疎通／退位表明は「玉音放送方式」で／上皇主導の「葬儀改革」案／「平成の代替わり」時の体験が原点／終身在位からの変革／有識者会議、「上皇」を提言／「国民の理解と共感」による一代限りの特例法／二転三転する退位・即位日程／一カ月前の新元号発表／政府による保守派への配慮

第2章 新天皇即位——その決意と素顔 52

初の記者会見／皇后の国民への謝意／公務復帰に向けた「様々な工夫」／皇后を支える家族と国民の励まし／天皇皇后そろっての会見の行方は／リハーサルのない天皇会見／ライフワークは水運史から水問題へ／史料に誠実に向き合う「学者天皇」／乗車体験で「タイムスリップ」

第3章 新時代の天皇・皇室の仕事と役割 71

超多忙な即位日／国事行為・公的行為・その他の行為／激増した「公的行為」／「私的行為」に位置づけられる宮中祭祀／「日本一の旅人」／公務の継承と分担／秋篠宮家の過密公務／四大行幸啓、第一弾は愛知植樹祭／兄弟で公務を担う手探りの新時代／注目度が増す国際親善／問われる政治との距離／皇后、初の単独公務も／「こどもの日」「敬老の日」の施設訪問／静養先の御用邸とは／台風被害の被災地訪問／お見舞い対象の拡大で懸念される負担増／前倒しされた一般参賀／新年一般参賀に上皇夫妻も出席／春、秋の園遊会／赤坂御所から皇居へ／年間を通して行われる宮中祭祀／古い歴史をもつ四方拝と新嘗祭

第2部――儀式でたどる令和の代替わり

第4章 退位礼――前近代の先例と憲法との調和をめぐって 110

十二分の儀式で国民に最後の別れ／新例「退位礼正殿の儀」決定の舞台裏／前天皇と新天皇が同席してい
た前近代の譲位式／分離された退位と即位の儀式／十三にのぼる退位関連の諸儀式／新たにつくられた伝
統／キーワードは「簡素化」／「陛下の意向」、官邸に周知／「内廷費」と「宮廷費」／簡素化はどう反
映されたのか／退位直前にも行われた「剣璽動座」／伊勢神宮に報告、最後の地方訪問

第5章 皇位継承儀式――平成と令和で何が変わったのか 132

三十年ぶりの「剣璽等承継の儀」「即位後朝見の儀」／平成と令和の代替わり儀式のちがい／自粛ムード
と祝賀ムード／元官房副長官の述懐／歴代天皇に受け継がれてきた「神器」／戦後に消えた「践祚」とい
う言葉／際立つ前例踏襲主義／逝去で論議不在だった「承継の儀」／明治制定の登極令に依拠／「皇室の
伝統」イコール「旧登極令」？／女性皇族参列NOの理由（わけ）／現代にふさわしい皇位継承の形とは

第6章 即位礼――時代に応じて変化する最重要儀礼 153

令和の長い一日／平安絵巻の雰囲気に包まれた「正殿の儀」／奈良時代から用いられた高御座／登壇する

姿は「象徴」か「神聖」か／「宸儀初見」の復活／時代に応じて変容を繰り返す即位礼／皇族の減少浮き彫りに／簡素化と負担軽減／祝賀パレードの延期

第7章 大嘗祭──「秘事」で包まれた祭祀をめぐる葛藤 171

暗闇に浮かぶ幻想世界／「何も見えなかった」平成時の大嘗祭／国家儀礼としての起源は七世紀末／否定された折口信夫の「寝座秘儀説」／二つの殿内では何が行われているのか／亀の甲羅でコメの産地を占う「秘儀」／緊張の連続だった「大田主」／大規模化は明治から／簡素だった江戸時代以前の大嘗宮／消えた茅葺き屋根の保存論争／「秋篠宮発言」の波紋／「莫大ノ経費」柳田国男が苦言／内定会計での対応に立ちはだかる厚い壁／象徴天皇にふさわしい儀式とは

第8章 立皇嗣の礼──次代の皇位継承の行方を見据えて 197

「立太子の礼」に準拠／前例ない「立皇嗣の礼」／「壺切御剣」と昇殿／問われる皇位の安定継承

あとがき 204

本書にとくに関連する「おことば」 208

退位・即位に至る経過年表 216

主な参考文献 221

序章　変わる皇室、変わらぬ伝統

称号は「上皇」「上皇后」、二重権威の回避で

天皇の退位に伴う今回の代替わりで、皇室は大きく変わろうとしている。「上皇《じょうこう》」や「上皇后《じょうこうごう》」という称号の身位《しんい》が誕生する一方、皇太子が不在となり、天皇である兄を、皇位継承順位一位の皇嗣《こうし》である弟が支えていくという新体制がスタートした。

そこで、変化のポイントを整理してみよう。

まず、憲政史上初となる天皇の退位に伴い、江戸時代以前に存在した「上皇」という身位が、近代以降初めて創設されたことが大きな特徴の一つだ。

天皇の退位は江戸時代後期の第百十九代光格《こうかく》天皇（在位一七八〇～一八一七）以来二百二年ぶりだが、退位した天皇の称号（呼称）は「上皇」、后《きさき》は「上皇后」と決定した。歴史的には、上皇は過去に退位した天皇に用いた「太上天皇《だいじょうてんのう》」の略称だが、称号に「天皇」の文言が含まれると「別々の天皇が並び立つ印象を与え、権威の二元化を招きかねない」（政府関係者）と

いう懸念にも配慮した。

平安時代から鎌倉時代にかけての一時期、退位後の天皇が上皇として政務を行う「院政」を敷き、時の天皇と対立し、政治的混乱を招いた例もあった。たとえば、平安時代末期の保元《ほうげん》の乱《らん》のように朝廷が上皇方と天皇方に分かれ、後継天皇を巡って争ったりした例などだ。しかし、時代状況が全く異なる現代にはこのよう問題は起こりにくい上に、上皇が退位した天皇の称号として定着してきた重みと、上皇という語には「天皇」という文言は含まれておらず、象徴や権威の二重性を回避する観点から、政府は現行憲法下で「国民統合の象徴」であった方の称号として妥当と判断した。

退位した天皇の后は歴史上、「皇后」「女院《にょいん》」「皇太后《こうたいごう》」などとさまざまな呼ばれ方をしており、統一的な称号はない。皇室典範は先代の皇后について「皇太后」という称号を規定しているが、この称号は、天皇の終身在位を前提とする明治以降、逝去した先代の天皇の未亡人と受け止められていた。このため、退位した天皇の称号と、その配偶者であることを表す文字を組み合わせて「上皇后」という新たな称号を設けた。

天皇と上皇の役割の違い

上皇と上皇后には引き続き、敬意を払う意味から、敬称はともに「陛下」を維持した。上皇の葬儀や陵墓も天皇と同様、それぞれ「大喪《たいそう》の礼」、「陵」とした。歴史上も葬儀は同時代の天皇の葬儀と同等であったことに加え、海外においても、退位した国王の葬儀は国葬として行われており、天皇と同様、上皇の葬儀も国事行為として行われる可能性が高い。

一方、皇位継承資格や天皇が病気などで国事行為ができない場合に置く摂政《せっしょう》、臨時代行の就任資格は、いずれも有しない。天皇が公務を自ら続けることが将来的に困難になるとして退位した経緯に鑑み、上皇が再度皇位に就くことや、新たな天皇の代理にあたる摂政や臨時代行に就くことは退位理由と矛盾するためだ。また、上皇は、皇室に関する重要事項を話し合う皇室会議の議員の就任資格も有しない。上皇后はもともと皇位継承資格を有しないが、その他の資格については、特段制限を設けていない。皇室の重要事項を決定する機関である皇室会議の皇族議員(二人)の議員について、上皇后美智子さまは代替わり後の二〇一九(令和元)年九月、上皇さまの意思が反映されているとの誤解を避けることを理由に就任を辞退している。

退位後の公務はすべて新天皇に移譲

天皇が行う行為について、政府は、①国事行為②公的行為③その他の行為の三つに分類している。このうち憲法に規定があるのは、天皇が内閣の助言と承認に基づき、法律の公布や国会召集、儀式などを行う国事行為のみだが、先代の天皇陛下(上皇さま)は国民と苦楽をともにすることを基本に、戦没者慰霊や被災地、障害者施設訪問などの公的行為を積極的に務めてきた。退位後の上皇の活動について、宮内庁は「陛下が象徴としてなされてきた行為については、基本的にすべて新天皇にお譲りになるものと整理している」としており、退位後は芸術や音楽鑑賞、研究をはじめ旧知の方々との交流など私的な活動中心の生活になる。ただ、「（公的活動を）全くなさらないというわけではない」（同庁幹部）ため、活動の内容は「上皇、上皇后両陛下の意向次第」（同）の側面も少なくない。退位後も外出時には注目を集める存在に変わりはないが、上皇ご夫妻は側近を通じて象徴の二重権威につながらないように慎重に対処している。

上皇ご夫妻の日常の生活費は天皇家の私的活動費である「内廷費」から支出される。退位に伴い、新天皇が受け継いだ鏡、剣、爾《じ》（勾玉《まがたま》）などの「三種の神器《じんぎ》」は「皇位と共に伝わるべき由緒ある物（由緒物）」（皇室経済法第七条）とされる。現行の相続税法によれば、「由緒物」の継承は贈与税の対象となる「生前贈与」にみなされるが、相続の場合と同様、贈与税も非課税となった。相続税法第十二条は、由緒物の価値は相続税の課税価格に算入しないことを規定しているためで、昭和天皇の逝去に伴い、上皇さまが由緒物を相続した際には、この規定を適用し、相続税は非課税だった。

お茶の水女子大付属中の入学式に臨まれる秋篠宮ご夫妻と長男悠仁さま。2020年３月現在、皇位継承順位をもつ男性皇族は３人で、それぞれ１位が皇嗣となった秋篠宮さま、２位が悠仁さま、３位が常陸宮さま（2019年４月８日）

秋篠宮、皇太子待遇に

次に、新天皇即位に伴い、皇位継承順位も変動した。

一位は秋篠宮さま（文仁《ふみひと》親王）で、二位が秋篠宮家の長男、悠仁《ひさひと》さまとなる。秋篠宮さまの待遇は皇太子と同等となるが、身分や呼称、敬称はどうなったのか。

皇室典範によると、皇位継承順位一位の皇族を「皇嗣」とし、「皇嗣たる皇子を皇太子」（第八条）と規定している。つまり、皇位継承順位一位であり、かつ天皇の子である者を「皇太子」と称することを定めている。

したがって、秋篠宮さまは同順位一位の「皇嗣」ではあるものの、天皇の弟という立場から、皇室典範の「皇太子」にあたらない。このため、皇太子は不在となる。今回は「皇太子」や歴史上あった「皇太弟《こうたいてい》」などの特別な称号は定めず、秋篠宮家の当主としての立場を維持し、呼称は「秋篠宮皇嗣殿下」とすることに落ち着いた。

皇位継承順位一位という立場の重要性や活動の拡大などから、政府は皇嗣の立場にふさわしい処遇改善も必要と判断した。秋篠宮さまの生活費は、摂政に対する皇族費が定額の三倍相当という皇室経済法の規定も参考に、これまでの年額三千五十万円（秋篠宮当主分）から三倍相当額に増額した。

「上皇職」「皇嗣職」を新設

宮内庁は、上皇ご夫妻や皇嗣を補佐する新たな組織として「上皇職」や「皇嗣職」を新設した。「上皇職」は職員約五十人体制で、天皇及び皇后の事務をつかさどる組織である「侍従職」に倣い、上皇侍従長、上皇侍従次長を置いた。「皇嗣職」は、東宮職《とうぐう》の長である東宮大夫《だいぶ》に相当する皇嗣職大夫をトップに、同じく職員約五十人体制で発足した。

代替わり前の体制は、天皇、皇后両陛下を補佐する侍従職が約八十人、皇太子一家を支える東宮職が約五十人だった。一九八九（昭和六十四）年一月の昭和天皇の逝去後、皇太后となった香淳《こうじゅん》皇后を補佐する「皇太后宮職」が宮内庁内に設置されたこともあるが、香淳皇后の逝去に伴って廃止された。皇太子不在に伴い、廃止となった東宮職から侍従職に横滑りで異動した幹部職員は多い。

また、皇室の護衛や皇室施設の警備を担う皇宮警察本部は、上皇ご夫妻を担当する「上皇護衛課」を新設した。天皇ご一家は「護衛一課」、秋篠宮や常陸宮、三笠宮、高円宮《たかまどのみや》の各宮家は「護衛二課」が担当する。

上皇夫妻、思い出の赤坂御用地へ

代替わりで、天皇ご一家が暮らす東宮御所（東京都港区）は「赤坂御所」に、退位後の上皇ご夫妻が暮らす皇居内の御所は「吹上仙洞御所《ふきあげせんとう》」に名称が変わった。御所は天皇の邸宅名、仙洞御所は明治以前の上皇の邸宅名で、代替わりに伴う天皇ご一家と上皇ご夫妻の最終的なお住まいはそれぞれ交換となる。

上皇ご夫妻は二〇二〇年春、二十六年間暮らした吹上仙洞御所を退去して東京都港区の高輪皇族邸（旧高松宮邸）に移り、仮住まいを始めた。その間、「仙洞仮御所」と称し、赤坂御所がエレベーターやバリアフリーなどの改修工事を終えた後に転居する。このため、引っ越しは二回となる。仙洞仮御所から赤坂御所に転居した後の住まいの呼び方は「仙洞御所」となる。京都市にある現在の「仙洞御所」は「京都仙洞御所」に改称した。

一方、天皇ご一家は、上皇ご夫妻が高輪皇族邸に転居後の旧吹上仙洞御所の改修工事が終わるまで当面、赤坂御所に居住し、陛下は必要に応じて同御所から皇居に通って公務を行う。改修後、天皇ご一家が移り住み、「御所」とする。皇嗣の秋篠宮さまの宮邸に事務棟兼収蔵庫を増改築するとともに、宮邸近くの皇族方の共有施設「赤坂東邸」を宮邸の一部として来客の接待などに使用する。

東宮御所（現赤坂御所）は上皇さまが結婚翌年の一九六〇（昭和三十五）年から、美智子さまとともに居住した思い出の地だ。八九年の即位後も「赤坂御所」と名称を変え、皇居内に現在の御所が完成する九三年十二月まで三十三年間住んできた。上皇さまが皇太子時代に自ら植えた樹木なども多く、ご夫妻は久しぶりの赤坂御用地内の生活を楽しみにしている。

新例「退位礼」「立皇嗣の礼」の誕生

代替わりの関連儀式では、新たに「退位礼正殿の儀」や「立皇嗣宣明《りっこうしせんめい》の儀」などと呼ばれる儀式が近代史上初めて誕生したことがポイントの一つだ。

「退位礼正殿の儀」は、天皇が退位されることを広く国民に明らかにする儀式で、内閣が責任を負う国事行為として行われ、これに関連する十三の皇室行事も新たに創出された。憲政史上初となる儀式で、政府は憲法との整合性を重視した式次第を練り上げた。平安時代初期に編纂《へんさん》された儀式書「貞観《じょうがん》儀式」によれば、「譲国儀《じょうこくぎ》」と呼ばれた譲位（退位）式では、皇位を譲る天皇の意思を示す「宣命《せんみょう》」を代理人が読み上げる形式が取られていた。この形式だと、憲法上の疑義が生じる恐れがあるため、宣命は行わず、首相が先に退位特例法に従って退位する経緯とこれまでの活動について謝意を述べ、その後に退位する天皇がお言葉を述べる形に落ち着いた。

一連の即位儀式と性格の異なる「立皇嗣の礼」を代替わり儀式に位置づけることには異論もあるが、この儀式は、秋篠宮さまが皇位継承順位一位となったことを内外に明らかにする儀式で、陛下が皇太子となった際の「立太子の礼」（一九九一年二月）を基本的に踏襲する。国事行為として、「立皇嗣宣明の儀」「朝見の儀」などの儀式を行い、皇太子の護り刀とされる「壺《つぼ》切御剣《きりのぎょけん》」を陛下から秋篠宮さまに渡す皇室行事なども挙行される予定。

退位に関連する皇室行事は「簡素に」という上皇さまの意向も踏まえ、宮内庁は、天皇家の私的活動費である「内廷費《ないていひ》」で対応した。「立皇嗣の礼」では、陛下が主宰する皇室行事を内廷費で、秋篠宮さまが皇嗣になったことを伊勢神宮や皇室の先祖の神武、昭和天皇陵などに報告する儀式を宮家の生活費「皇族費」でそれぞれ対応する。

規定なく「前例踏襲」、変わらぬ「明治」の伝統

陛下の即位に伴い、約三十の代替わり関連儀式が行われた。このうち国事行為として行われたのは、皇位の証《あか》しとされる「三種の神器」のうち剣と爾（勾玉）を受け継ぐ「剣璽等承継の儀」や、即位後初めて国民の代表と会う「即位後朝見の儀」、即位を国内外に宣言する「即位

礼正殿の儀」、即位の祝宴「饗宴の儀」、パレードの「祝賀御列《おんれつ》の儀」など五つの儀式で、残りは大嘗祭《だいじょうさい》や、即位礼・大嘗祭の終了を伊勢神宮、神武天皇陵などに報告する宗教色のある皇室行事が大半だ。いずれも儀式の骨格は前回の平成時とほとんど変わらず、前例を踏襲して実施された。

現行法で、即位儀式を明記しているのは、「皇位の継承があったときは、即位の礼を行う」（皇室典範第二十四条）という記述だけで、「即位の礼」の範囲に関する規定はない。政府は代替わりの一年以上前の一八年四月、「即位の礼」として、新天皇が五つの国事行為を行うことを早々と閣議決定した。この五つの儀式について、政府は「憲法の趣旨に沿い、皇室の伝統を尊重したものとする」とし、平成時に憲法との整合性について十分に検討して挙行したとして、「基本的な考え方や内容は踏襲されるべき」とする基本方針を決定した。しかし、前回と違って十分な検討時間があったにもかかわらず、議論が十分に尽くされたのか、疑問視する声もある。

大嘗祭については、政府は前回、宗教色の濃い行事であるため、国の儀式として行えないが、憲法に皇位の世襲制を定めていることから「公的性格が強い皇室行事」と位置づけ、国費で儀式をサポートした。今回も前例を踏襲した。

大正、昭和の即位礼や大嘗祭は、大日本帝国憲法下の皇室令の一つで、代替わり儀式の細目を定めた登極令《とうきょくれい》（一九〇九〈明治四十二〉年制定）に基づき、国の一大イベントとして行われた。しかし、一九四七年の日本国憲法の施行に伴って、すべての皇室令が廃止され、新たな根拠法令はつくられていない。このため、直近の前例としての旧登極令を参照し、儀式の次第などは旧登極令に準拠する形で平成、令和の代替わり儀式を行ってきた。儀式の中には、皇室の長い歴史の中で脈々と続いてきたものもあるが、その多くは明治以降に新たなにつくられた伝統に依拠して行われている。

詳しくは、本書二部を参照されたい。

第1部

平成から令和へ

第1章 天皇退位への鼓動——2010〜2019年

歴史を動かした二〇一六年八月八日の「おことば」

歴史が動く瞬間がある。令和という時代の幕開けは何かといえば、その出発点は、まぎれもなく、天皇陛下（現上皇）が退位をにじませた二〇一六（平成二十八）年八月八日のビデオメッセージ「象徴としてのお務めについての天皇陛下のおことば」（以下「おことば」）だった。憲法で天皇の国政関与は禁じられている。このことを踏まえ、「おことば」では、「個人として」の意思表明だったが、国民の多くが高齢化で象徴天皇の務めが困難なことから退位を希望するに至る天皇の心情に共感し、結果的に「天皇の退位等に関する皇室典範特例法」（以下「退位特例法」）が一七年六月に国会で成立した。明治以降続いてきた天皇の終身在位制からの事実上の大転換であり、法律上は平成の天皇一代に限って認められたが、将来の退位の先例化が明確となった。

明治以来、退位を認めれば、強制や恣意《しい》的な退位、即位の辞退などによって天皇の地位が不安定化するという懸念も指摘されてきた。しかし、終身在位しか選択肢がなければ、在位中の天皇も、後を継ぐ皇太子も高齢化し、体力的に象徴の務めを十分に果たせなくなる恐れがある。まずは象徴としての務めがポイントで、それを安定的に継承するには皇室の継承者が途絶えないように処することが大切と指摘しているように思う。

保守派を中心に「天皇は存在するだけで尊い」との言説が今も根強いが、上皇さまが考える「象徴の務め」とは、「国民の安寧と幸せを祈ること」と「時として人々の傍らに立ち、その声に耳を傾け、思いに寄り添うこと」が大きな柱だ。前者が宮中祭祀《さいし》、後者が地方訪問を中心とする「行幸啓《ぎょうこうけい》」。両者は一体で、いずれも強靭《きょうじん》な体力と行動が不可欠だ。その務めが体力的限界でできなくなるのであれば、退位すべきだという象徴天皇のあるべき姿を国民に問う決断だった。しかし、そもそも「象徴天皇の務めとは何か」という問題は、天皇が決める問題ではない。主権者である国民が考えるべき問題のはずだが、私を含め国民の多くは問題提起があるまでこのことを真剣に考えてこなかった。

日本国憲法の第一条は「天皇は、日本国の象徴であり日本国民統合の象徴であって、この地位は、主権の存する日本国民の総意に基く」とあるだけで、象徴に関する具体的な定義はない。

平成の「人間宣言」

国民の総意とは何か。日本政治外交史が専門の東京大学名誉教授三谷太一郎氏の見解は、概ね次の通りだ。

単なる国民の多数意思でもなければ、特定の少数意思でもない。さまざまな国民の意思の算術的合計としての「全体意思」という意味でもない。あえていえば、国民一人一人の個別の意思に共通する「一般意思」と呼ばれるものだ。多数者のルールを認めながら、少数者の権利を尊重するのが民主主義で、明仁天皇はこの原則に沿って能動的に行動することこそが象徴天皇の役割であると考えられたのではないか。

上皇さまの「おことば」の中で、「国民の総意」を置き換えるとすれば、その文言は「信頼と敬愛」だった。

上皇さまは「地域を愛し、その共同体を地道に支える市井《しせい》の人々」を認識し、象徴天皇の務めを「人々への深い信頼と敬愛をもってなし得たことは、幸せなことでした」と述べた。これは、終戦翌年の一九四六（昭和二十一）年一月一日の昭和天皇の「人間宣言」にも使われている。「朕《ちん》と爾等《なんじら》国民との間の紐帯《ちゅうたい》は、終始相互の信頼と敬愛とに依《よ》りて結ばれ、単なる神話と伝説とに依りて生ぜるものに非《あら》ず」にも通じる。

「国民の総意」とは、一方通行の希望でもない。象徴の務めを通じて育まれてきた相互の「信頼と敬愛」こそ、平成の天皇が長年追い求めてきた象徴天皇像の真骨頂だ。相互の「信頼と敬愛」を築くには、外に出て国民と触れ合う行動しかない。「象徴の務めを果たしてこそ天皇」という理念を国民と共有したいと考えたにちがいない。その意味で、上皇さまの「おことば」は、平成の「人間宣言」にほかならない。

三谷氏は「天皇が人間であることを宣言することは、人間としての自由と責任を認めることだ。天皇自らの意思と判断で退位する自由と責任を有していることを示したことに『おことば』の画期的な意義がある」と指摘する。

象徴の務め安定的に継承

上皇さまは退位をいつごろから意識し、その動機は何であったのであろうか。この点は依然、審《つまび》らかになっていない。しかし、自らの言葉で語った約十一分間の「おことば」（二〇一六年八月八日）と、天皇として最後の記者会見（一八年十二月二十日）、そして政府主催の「在位三十年記念式典」（一九年二月二十四日）での「おことば」の三つのメッセージを読み解くと、平成の天皇が目指した象徴天皇像と退位の相関関係、象徴天皇像の活動対象や代替わり後の位置づけなどに関し、かなり具体的なイメージが語られているように思える。

筆者はこの三つのメッセージを、上皇さまが平成の時代に追い求めた象徴天皇像の「おことば」三部作と位置づけている。

とりわけ、一六年八月の「おことば」は、「退位」という直接的な言葉こそ使っていないものの、自ら模索してきた象徴天皇像が、高齢や体力の衰えから体現できないのであれば、退位するしかないという思いを明確ににじませた。天皇の地位とその地位に基づく行動は一体不離の関係であり、摂政《せっしょう》では代行できないというのが長年の模索を通じて到達した結論だった。最後の誕生日会見では、これまで歩んできた象徴天皇としての活動の対象が何だったのか、についても具体的に初めて言及するとともに、「旅」の「伴侶」と表現する形で皇后美智子（現上皇后）さまの存在にも触れ、感謝の言葉を述べた。退位が二カ月後に迫った「在位三十年記念式典」での「おことば」では、象徴天皇像を模索する旅は「果てしなく遠く」と述べ、次の時代を担う新天皇が、自ら定義した平成の時代の天皇像を「補い続けていってくれる」ことを願った。

憲政史上初めてとなる退位に伴う皇位継承の意義とは何か。一九九六年から十一年間、侍従長を務めた渡辺允《まこと》氏は、慎重に言葉を選びながら、「（上皇）陛下は長い間、江戸時代以前における天皇の退位について先例を調べるなど勉強を重ねてきた。それぞれの時期の天皇の退位の意味は、時代によって違う。陛下の場合も、『今』という時代を背景にしたご決断だったと思う」と話す。

超高齢化社会の波は皇室にも及んでいる。明治以来の終身在位の選択肢しかない現行の法制度の下では、高齢で天皇も十分に象徴の務めを果たせぬまま在位することになり、その後を継ぐ皇太子も高齢になってからの皇位継承となる。それでは、上皇さまが追い求めてきた象徴天皇としての務めが成り立たないという懸念だ。

上皇さまご自身も一六年八月の「おことば」の中で「高齢による体力の低下を覚えるようになった頃から、これから先、従来のように重い務めを果たすことが困難になった場合、どのように身を処していくことが、国にとり、国民にとり、また、私のあとを歩む皇族にとり良いことであるかにつき、考えるようになりました」と述べ、「私のあとを歩む皇族」のありようについても思いを巡らせている。

「重い務め」とは、憲法に定められている国事行為や象徴天皇の地位に基づく「公的行為」と呼ばれるさまざまな公務だけではなく、新嘗祭《にいなめさい》など年間三十件以上に及ぶ宮中祭祀も含まれるだろう。「次第に進む身体の衰えを考慮する時、これまでのように、全身全霊をもって象徴の務めを果たしていくことが、難しくなる」前に退位し、皇位を新天皇に譲り、象徴天皇の務めが安定的に継承されることを念じたことが今回の退位のひとつのポイントだった。

今回の代替わりでは、上皇さまは歴代上皇の中で最高齢の八十五歳で天皇を退位し、天皇陛下は五十九歳と近代以降の天皇の中で最も高い年齢で即位した。上皇さまの即位年齢が五十五歳だったことを考えれば、次の代を担う天皇の負担も考慮されたにちがいない。

二人三脚で築き上げた平成の象徴天皇像

一六年八月の「おことば」と一八年十二月の最後の誕生日会見は、渡辺氏の言葉を借りると、それは「縦糸と横糸のような関係」という。

上皇さまが考える象徴天皇像は、「国民の安寧と幸せを祈ること」と、「人々の傍らに立ち、その声に耳を傾け、思いに寄り添うこと」であったことは「おことば」の中で明言していたが、これまで象徴天皇としての活動の具体的な対象について言及してこなかった。「おことば」では、「国民」や「人々」という抽象的な文言のほか、「市井の人々」との表現もあったが、最後の誕生日記者会見では、戦後五十年、六十年などの節目の年に慰霊の旅で訪ねたサイパンやパラオなどで亡くなった戦没者や一九九一年の雲仙普賢岳《うんぜんふげんだけ》の大噴火以来の自然災害の被災者や全国のボランティア、パラリンピックに参加する障害者、外国訪問の際に会った日系人社会の人々など、具体的な活動の対象者を挙げた。

また、誕生日会見では、上皇さまは時折、言葉を詰まらせながら、美智子さまの存在に触れ、「自らも国民の一人であった皇后が、私の人生の旅に加わり、六十年という長い年月、皇室と国民の双方への献身を、真心を持って果たしてきたことを、心から労《ねぎら》いたく思います」と感謝の言葉を述べた。二〇〇九年に結婚五十年を前に二人で会見に臨んだ時も、上皇さまは「結婚五十年を本当に……」と一瞬言葉を詰まらせ、「感謝の気持ちで迎えます」と声を震わせながら述べたことがあった。今回も「結婚以来皇后は、常に私と歩みを共にし、私の考えを理解し、私の立場と務めを支えてきてくれました」などと感謝を口にした時、感極まった様子で声を震わせた。

美智子さま自身が過去に指摘している通り、身位《しんい》が異なる天皇とその配偶者を同列には論じられない。しかし、上皇さまは結婚内定後に詠んだ「語らひを重ねゆきつつ気がつきぬわれのこころに開きたる窓」という自身の歌を引用する形で、美智子さまの存在の大きさを伝えたこともあった。

結婚でまず二人の間に「こころの窓」が開き、そして結婚後も美智子さまが外に向かって開かれた「窓」を通じ、上皇さまは社会や人々のことなどを積極的に吸収してきた。「平成の象徴天皇像をつくり上げていく中で皇后（美智子）さまが果たされた役割は極めて大きい」と渡辺氏は指摘する。

上皇さまの在位三十年を祝う政府主催の記念式典で、上皇さまは「憲法で定められた象徴としての天皇像を模索する道は果てしなく遠く」と振り返り、今後の皇室に「次の時代、更に次の時代と象徴のあるべき姿を求め、先立つこの時代の象徴像を補い続けていってくれることを願っています」と希望した。「先立つこの時代の象徴像」とは、皇太子時代から美智子さまと模索しながら、築き上げた平成の象徴天皇像であろう。できるだけ継承していってほしいとの思いがにじむ。

二〇一〇年真夏の参与会議

上皇さまの退位の意向の一端が関係者に示されたのは、二〇一六年の「おことば」からさかのぼること六年前の一〇年七月二十二日夜の参与会議だった。

上皇ご夫妻の住まいである皇居・御所の応接間には、上皇、上皇后のご夫妻のほか、ご夫妻の私的な相談役である元宮内庁長官の湯浅《ゆあさ》利夫氏、元外務次官の栗山尚一《たかかず》（故人）、東京大名誉教授の三谷太一郎氏の参与三人と、宮内庁の羽毛田《はけた》信吾長官、川島裕侍従長らが出席した。午後七時。会議の冒頭、座長役の上皇さまが切り出した言葉に衝撃が走った。

当時七十六歳だった上皇さまは、八十歳までは象徴としての務めを果たしたいと思っていると述べた上で、天皇が高齢化した場合に身を処す方法として、摂政設置と譲位《じょうい》があると選択肢を示し、「自分としては譲位したいと思っている」と話した。社会の高齢化から説き起こし、高齢化の波は皇室にも及び、「譲位」という言葉をはっきりと使った。

「譲位の意向をお持ちのようだということは、当時の宮内庁幹部から耳にしていたが、まさか陛下の口から直接、議題に上るとは思ってもいなかった」と出席した参与の一人は振り返りつつ、「意思は固い」と受け止めたという。

上皇さまは〇三年に前立腺ガンの摘出手術を受け、〇八年には「再発に対する治療のためのホルモン療法の副作用で骨粗しょう症に至る恐れがある」と診断された。さらに、不整脈の症状があらわれ、ストレスによる胃、十二指腸の炎症も見つかっていた。〇九年には、式典での「おことば」の廃止など、天皇の負担軽減策を宮内庁が発表していた。

わずかな沈黙の後、参与からは「摂政の設置で対応されるのが望ましい」と翻意を促す意見が相次いだ。

天皇の生前退位は憲法にも皇室典範にも規定はない。実現するには皇室典範の改正か特別法が必要となるが、皇室典範には、摂政設置の規定がある。第十六条で「天皇が成年に達しないときは、摂政を置く。天皇が、精神若しくは身体の重患又は重大な事故により、国事に関する行為をみずからすることができないときは、皇室会議の議により、摂政を置く」と規定されている。過去には、大正天皇が病気で公務を果たせないと判断され、皇太子だった昭和天皇が摂政を務めた前例があった。摂政の設置要件を緩和するなどの対応も可能とみられた。

「摂政は天皇の代行ですので、摂政を置くことによって天皇が天皇でなくなるということはありません」。出席者の一人が摂政設置を主張したところ、上皇さまは「摂政じゃ、だめなんだ」

と強く反対された。その理由は、天皇の地位と地位に基づく活動は一体不離であり、「天皇は何人であっても代行することはできない」というものだった。

大正天皇の晩年の健康問題についても「望ましくない先例」として反論した。大正天皇は一九二〇（大正九）年三月、「糖尿病と座骨神経痛」と公表されたが、それ以前から観閲式や帝国議会開院式など公務への欠席が続いていた。病状が悪化した二一年十一月には「病気の回復は困難」との医学的所見に基づいて摂政設置が認められた。二六年十二月に亡くなるまで、皇太子時代の昭和天皇が摂政を務めたが、「回復困難」という医師の診断を根拠に摂政が設置されたことに「（上皇さまは）大正天皇ご自身の意思に反するものであり、大正天皇の非運に同情的でした」という。

退位への固い意思

また上皇さまは、香淳《こうじゅん》皇后の晩年の健康問題も非常に気にしていた。香淳皇后は一九七五年、昭和天皇と一緒に米国を公式訪問したが、そのころから体調が思わしくなく、八七年の天皇誕生日の一般参賀以来、公式の場には姿を見せなくなり、米国旅行中の記憶も喪失していた。元宮内庁東宮職幹部によると、宮中晩餐《ばんさん》会の際は、外国の賓客が香淳皇后にあいさつしても、認知症の症状が現れていた皇后は十分に会話できる状態にはなく、通訳がその場を取り繕って皇后のお言葉として相手に伝えていたという。

「皇太子として隣でそれを見ているのがつらかったともおっしゃっていたが、当時は、認知症の理解が進んでいなかった。今の自分の健康はそれほど問題ではないが、（香淳皇后と）同じような状況が自分にも将来、生じないという保証はない。象徴天皇の務めが十分に果たすことができない状態で、天皇にとどまることは望ましくないと考えられたのではないか、と受け止めた」と振り返る参与もいた。最初は摂政設置に同調していた美智子さまも、退位の意思が固いのを確認されて途中から次第に上皇さまの意向に沿うようになったという。

会議は一区切りついたと思われた深夜、ご夫妻が席を立ったところで再び話が再開され、立ったまま議論が続けられた。結局、話し合いは平行線のまま終わった。

参与会議は、皇室の重要事項について、天皇、皇后から私的に相談を受けて話し合う宮内庁の任意組織で、無報酬で定員は設けられていない。戦後、昭和天皇の話し相手として設置され、首相経験者や学者、裁判官、財界人ら有識者が選任された。現在の参与は元宮内庁長官や元最高裁長官ら四人（一九年二月末現在）。会議は一カ月に一回ほど開かれていた。

参与会議はその後も断続的に退位問題が話題となるが、上皇さまの固い信念は揺らぐことはなかった。一一年三月の東日本大震災以降は上皇さまの退位の意向を前提に極秘裏に検討を開始し、後継体制の構築や退位の意向表明のあり方、政権への伝達方法などが課題となっていた。

後継体制の整備や一六年八月の「おことば」などの意向表明の経緯は後述するが、当時の民主党政権中枢に天皇の意向が伝わった形跡はない。憲法や皇室典範にも規定のない退位の実現には、典範改正か特別法の制定などの法改正が必要となるため、政府の協力が不可欠だ。しかし、当時の民主党政権では、中国の国家副主席だった習近平（現国家主席）の来日にあたり、当時の鳩山内閣は天皇と習近平との会見申請は一カ月前というルールを無視して強行した「天皇特例会見」を巡り宮内庁とぎくしゃくした関係が続いた。二〇一二年の自民党の政権復帰後も、東京五輪招致のため政府が高円宮《たかまどのみや》久子さまにＩＯＣ総会出席を要請した問題を巡り宮内庁と官邸が対立。退位の意向が伝わった後も、官邸側は摂政での対応を軸に検討を進めていた。

その流れが一変したのは一六年七月十三日夜のＮＨＫ報道、そして上皇さま自らのビデオメッセージによる事実上の退位表明だった。

三者会談で意思疎通

退位の意向をにじませたビデオメッセージの発表にあたり、上皇さまは、皇太子時代の天皇陛下と秋篠宮さまとの話し合いを経て決断していた。「おことば」発表から二カ月後の同年十月、八十二歳の誕生日を迎えた美智子さまは、宮内記者会の質問への文書回答の中で「皇太子や秋篠宮ともよくご相談の上でなされた」と明らかにした。

宮内庁関係者によると、上皇さまと陛下、秋篠宮さまは一二年春ごろから月一回程度、皇居・御所に集まり、皇室に関するさまざまな課題について話し合いを行ってきた。この会合は「三者会談」と呼ばれ、「皇位継承に連なる三人で意見交換を」という美智子さまの提案で始まり、宮内庁長官も同席した。上皇さまが退位する一九年四月まで定期的に開かれていたが、美智子さまは会議に出席せず、会議終了後の昼食から加わっていたという。文書回答の中で、皇室の重大な決断にかかわれるのは「配偶者や親族であってはならない」との持論を示していた。

「三者会談」が始まった背景のひとつには、皇太子時代の陛下が欧州訪問前の記者会見で「雅子のキャリアやそのことに基づいた雅子の人格を否定するような動きがあったことも事実です」（〇四年五月十日）と言及された「人格否定発言」以来、上皇さまと陛下のコミュニケーション不足も指摘されていた。

この発言に対し、上皇さまは当時の羽毛田信吾宮内庁次長を通じて「具体的な説明をしないと、国民も心配するだろう」とのお気持ちを表明し、秋篠宮さまも同年十一月の誕生日会見で「記者会見という場で発言する前に、せめて陛下（上皇さま）と内容について話をして、そのうえでの話であるべきではなかったかと思っております」などと発言した。

〇八年二月には、宮内庁の羽毛田長官が定例記者会見で、両陛下の長女愛子さまが当時天皇、皇后だった上皇ご夫妻に会うため皇居を訪問される「参内《さんだい》」の回数が増えていないとして、陛下に異例の〝苦言〟を呈したこともあった。上皇さまは〇六年十二月の誕生日前に行われた会見で、愛子さまと会う機会が少なく「残念なこと」と発言された。これを受け、陛下は〇七年二月の誕生日前記者会見で、「お会いする機会をつくっていきたい」と表明していた。羽毛田長官はその後の会見で、「(発言を)大切になさっていただければという願いを言ったというのが本旨」と述べた。

同庁関係者によると、上皇さまが退位の意向を参与や側近らに言及する参与会議の前後から、後継体制の確立に向けた天皇ご一家内での意思疎通が課題となっていた。「三者会談」はご一家内のコミュニケーションのより一層の促進に加え、秋篠宮さまも交えた後継体制の構築のための意見交換の場としても期待された。

秋篠宮さまは、東日本大震災があった一一年十一月の誕生日に合わせた記者会見で、「定年制というのは、やはり必要になってくると思う。ある一定の年齢を過ぎれば、人間はだんだんいろんなことをすることが難しくなっていく」と述べ、天皇の「定年制」の導入と議論の必要性に言及した。この年は、上皇さまが心臓検査で冠動脈の硬化と狭窄《きょうさく》が見つかり、気管支肺炎などで入院治療した時期だった。

陛下は、皇太子時代の五十三歳の誕生日会見(一三年二月)で、秋篠宮さまを交えて上皇さまと象徴天皇制などについて意見交換をしていることを明かして「これは非常に私自身も大切なことだと思います」と話した。

こうした発言から、「三者会談」は上皇さまと皇太子時代の陛下、秋篠宮さまと三人の定期的な意見交換の場として、上皇さまの考えを共有する機会になったとみられる。

退位表明は「玉音放送方式」で

上皇さまが宮内庁参与らに退位の意向を示してから、一六年八月にお気持ちを表明するまで、六年余の歳月が流れた。この間、上皇さまは退位のメドとしていた八十歳を超え、水面下では意向表明の具体的な方法も検討された。のちに実現する「ビデオメッセージ」案だ。

「『玉音《ぎょくおん》放送』みたいな方法しかないんじゃないか」

一五年四月二十四日夜、皇居に近い東京・丸の内のビルの一室で開かれた参与会議で、出席した前参与で東京大学名誉教授の三谷太一郎氏は、こう提案した。

この日の会議には同庁幹部が持参したたき台のような文案も用意された。ただ、この原案は一六年八月八日の「おことば」で公表した文言とは全く異なるものだったが、「おことば」を表明するにあたってどのように表現すべきかなどの論点も箇条書きで記載されていた。また、お気持ちを国民に伝える方法も議論された。当時は、毎年十二月二十三日の誕生日に先立って行われる記者会見で公表する案が有力だったという。これに対し、三谷氏は「記者会見では、陛下ご自身の意思の伝達範囲は限定される。皇室制度上の大転換となる重要な問題なのだから、陛下自らが国民に直接語り掛ける方法がよいのではないか」と考え、「ビデオメッセージが望ましい。それを私は『玉音放送』と表現した」と振り返る。

ビデオメッセージという手法は一一年三月十一日の東日本大震災の発生直後、天皇が初めてビデオを通じて国民に呼び掛けるメッセージを発表した前例があった。ただ、この日の会議は、上皇ご夫妻が不在ということもあって公表のあり方や文案を検討する議論だけで終わった。「おことば」の公表も当初、同年十二月の天皇誕生日の記者会見での公表日程案もあったが、翌一六年一月にフィリピン訪問、四月に熊本地震の被災地お見舞いなどの日程が立て込み、最終的に八月公表となった。この間、「おことば」案もその後の参与会議などで練り直されたが、最終的には上皇さまのお気持ちが相当盛り込まれることになった。「内閣のチェックも入ったが、原案は陛下が書かれたものであったのではないか。結果的に、ビデオメッセージによって国民の多くも初めて陛下の苦衷を理解し、少なくとも国民的な幅広い論議のきっかけとなった」と三谷氏は評価する。

上皇主導の「葬儀改革」案

参与会議から三年後の一三年十一月に宮内庁から公表された「今後の御陵及び御喪儀《ごそうぎ》のあり

方について」、つまり天皇、皇后両陛下の陵や葬儀を簡素化する「葬儀改革」案も、上皇さまの意向が検討の出発点だった。

簡素化の骨子は、①両陛下の陵は昭和天皇と香淳皇后の兆域《ちょういき》（陵の墳塋《ふんえい》部と拝所《はいしょ》を含む区域）の八割程度とする②同一敷地内に寄り添うような形に配置③江戸時代初期からの土葬を火葬に改める――の三点が中心だ。

確かに陵籍の登録事項である「兆域」面積は三五〇〇平方メートルで、昭和天皇陵と香淳皇后陵の合計面積（四三〇〇平方メートル）の八割程度だが、陵の用地に必要な区域面積（営建面積）で比較すると、上皇ご夫妻の区域面積は約七八七〇平方メートルで、大正天皇陵及び貞明皇后陵の区域（約一万五五〇〇平方メートル）の五十一パーセント、昭和天皇、香淳皇后（約一万三五〇〇平方メートル）の五十八パーセントだった。検討の過程で、上皇さまは美智子さまとの合葬を希望されたが、美智子さまが「恐れ多い」と辞退したため、結果的に②の形に落ち着いたが、元宮内庁幹部は「かなりの規模縮小」と指摘する。

天皇陵の面積は旧皇室陵墓令で定められている。それによると、天皇陵の兆域は二五〇〇平方メートル、皇后が一八〇〇平方メートル、皇太子、皇太子妃（各三五〇平方メートル）から親王、内親王の兆域まできちんと決められている。旧皇室陵墓令は戦後の一九四七年に廃止されたが、昭和天皇陵、香淳皇后陵の規模（計四三〇〇平方メートル）も皇室陵墓令に規定された面積だった。

宮内庁によると、上皇さまが陵の規模縮小を希望したのは、武蔵《むさし》陵墓地の図面を見た際、昭和天皇陵と香淳皇后陵が、大正天皇陵、貞明皇后陵の場合と異なり、隣接して平行に設置されていないことに気づき、御陵用地に余裕がなくなっているのではないか、と感想を述べたのがきっかけだったという。

時期については明らかにされていないが、元侍従長の渡辺允氏は「(上皇)陛下から喪儀の見直しについて話をうかがったのは、香淳皇后の大喪《たいそう》が終わってからだった」と振り返る。

香淳皇后の葬儀が行われたのは二〇〇〇年七月。東京都八王子市の武蔵陵墓地には、すでに大正、昭和の両天皇陵と両皇后陵がある。新たな陵を造る用地は残り少ない。香淳皇后の陵の営建費用は二カ年で総額約十八億円に達した。江戸時代前期から土葬となっていたが、第四十一代持統《じとう》天皇(在位六九〇〜六九七)以来、昭和天皇までの八十八人(北朝五代の天皇含む)の天皇のうち、約半数の四十六人(宮内庁発表)は火葬だった。戦後、秩父宮や高松宮などの皇族の葬儀も火葬だった。

「陛下は香淳皇后の陵の営建に相当な予算を要したことや、御陵用地の減少なども案じられた。国民生活への影響を少ないものにしたいと考えられたのではないか」と渡辺氏は推し量る。

「平成の代替わり」時の体験が原点

しかし、宮内庁内の検討作業は〇六年夏ごろに一部報道を受け、完全に暗礁に乗り上げた。上皇ご夫妻の了解を得て、宮内庁の羽毛田長官が記者会見で検討開始を発表し、オープンな形で議論が進められるようになったのは一二年四月だった。

上皇さまの思いは、三十年前の「平成の代替わり」の体験とも重なる。退位の意向をにじませた一六年八月のビデオメッセージで「天皇が健康を損ない、深刻な状態に立ち至った場合、社会が停滞し、国民の暮らしにも様々な影響が及ぶことが懸念されます」と述べた。

昭和天皇の病状が悪化したとき、社会は自粛ムードに覆われた。遺体を長期間安置して別れを惜しむ儀礼「殯《もがり》」の後、葬儀関連の行事が一年も続き、同時に新時代にかかわる行事もあった。上皇さまはメッセージで家族の負担にも触れ「避けることはできないものだろうか」との心境も吐露した。メッセージにある「家族」には、平成の代替わり当時の美智子さまをはじめとする皇族だけでなく、将来（今回）の代替わり時の皇后雅子さまも念頭に置かれていたのでは、との観測も聞かれた。

ビデオメッセージより六年前の一〇年七月、上皇さまは宮内庁参与会議で、高齢化で象徴天皇の務めを果たせなくなった場合、退位したいとの考えを伝えていた。葬儀改革検討時の責任者だった元宮内庁長官の羽毛田氏は「退位の意向と陵・喪儀の簡素化の希望は『国民生活への影響を避ける』ということでは通底する」と指摘する。

当時、検討作業にかかわった元幹部も「検討作業はあくまでも在位中の天皇を想定したものだったが、その中で喪儀のあり方まではあまり詰めていなかった。譲位すれば、喪儀は代替わり儀式から分離される。陛下のビデオメッセージを聞いて、喪儀のあり方を詰める必要はなかったということを、後になってわかった」と語る。

皇室典範では、歴代の天皇や皇后、皇太后などを埋葬した場所を「陵」、それ以外の皇族は「墓」と定める。退位特例法によると、葬儀及び陵墓については「天皇の例による」と定めている。上皇の葬儀も国の儀式である「大喪の礼」として行われる予定だが、陵の規模や葬儀の内容については、こうした改革案も踏まえて簡素化される方策も今後検討されることになる。

終身在位からの変革

上皇さまの退位について、皇室研究家の高森明勅《あきのり》氏は「天皇の伝統的な姿を現代にふさわしい形で回復する変革の第一歩だ」と評価する。

皇位の継承には、天皇の逝去を前提とする方式と、江戸時代まで頻繁に行われた天皇の退位（譲位）による方式の二通りがある。前者は先帝（前天皇）の葬儀関連儀式と新帝（新天皇）の即位儀式がセットで行われるが、後者は完全に分離されて即位儀式のみが単独で行われる。

今回の天皇退位は日本国憲法下では初めてで、退位特例法に基づき、陛下一代に限って認められたが、「退位が今後、先例化するのは必至」（政府関係者）とみられる。

皇位継承と葬送儀礼に着目して皇室の歴史をみると、四つの時代に大別される。今回の退位で、高森氏は「新たな第四期に入る」と位置づける。第一期は、天皇の終身在位と巨大な陵の築造が特徴で、古墳時代に代表される。第二期は飛鳥《あすか》時代の持統天皇を起点とする。持統は夫の天武《てんむ》天皇から皇位を継承し、孫の文武《もんむ》天皇へ譲位した。天皇として初めて火葬され、天武の陵に合葬されたことでも知られる。これ以降、江戸時代の光格《こうかく》天皇まで退位が常態化した。現在まで百二十六代の天皇のうち退位は五十九例に達する。火葬による葬儀も増え、巨大な陵が姿を消す千年を超える時期だ。

第二期から第三期へ転換したきっかけは明治維新だ。明治政府は「神武《じんむ》創業への復古」と「祭政一致」をスローガンに掲げ、再び天皇の終身在位を制度化した。天皇を絶対君主とする大日本帝国憲法と旧皇室典範のもと、旧皇室令で天皇の火葬を廃止して土葬を定め、約二カ月続く儀礼「殯」や墳丘型の巨大な陵が復活した。戦後、旧皇室令は廃止されたが、昭和天皇の喪儀や上皇さまの即位礼は前例を踏襲し、荘厳かつ厳粛、盛大な形で行われた。

葬儀改革で上皇さまがモデルにしたのは、火葬を復活し、陵や殯の簡素化した第二期ではなかろうか。上皇さまは〇九年の結婚五十年の記者会見で、明治憲法で最高権力者だった天皇と現憲法の象徴天皇を比べ、象徴天皇の方が「長い歴史で見た場合、伝統的な天皇の在り方に沿うものと思う」と語った。

「（上皇）陛下にとっては、明治以降の伝統も一つの伝統であり、脈々と続く皇室の伝統の一コマだ」。複数の元宮内庁関係者はこう指摘するが、「天皇の喪儀のあり方を全体的に薄葬にしてほしいとの陛下の問題提起は、江戸以前の千年に及ぶ皇室の長い伝統を見すえたものであろう」と指摘する専門家の声は少なくない。

有識者会議、「上皇」を提言

上皇さまの退位への思いをにじませた「おことば」公表を踏まえ、政府は一六年九月、「天皇の公務の負担軽減等に関する有識者会議」（以下「有識者会議」）を設置した。学者ら六人で構成し、同年十一月に十六人の専門家から意見聴取した。一七年一月の会合では陛下一代限りの特例法制定を目指す政府の検討を後押しする論点整理をまとめた。この後、会議は退位を巡る国会の議論に配慮して中断したが、衆参両院の正副議長が四月に特例法制定を柱とする国会見解を決定したのを受け、有識者会議は同年四月二十二日、退位後の天皇の称号（呼称）を「上皇」とするなどの最終報告書をとりまとめ、安倍晋三首相に提出した。

有識者会議が最終報告をまとめるにあたり、最も腐心したのは、退位した前天皇と新天皇が同時に存在することで生じかねない「権威の二重性」の回避策だった。

上皇は正式には「太上天皇《だいじょうてんのう》」の略称だが、最終報告では「称号に天皇の文言が含まれると、別々の天皇が並び立つ印象を与える」と指摘した上で、「上皇は略称と意識されず、広く定着している」と解釈した。

役割も明確に線引きした。上皇には皇位を継承させないだけでなく、天皇が病気などで国事行為をできない場合に置く摂政や、皇室の重要事項を話し合う皇室会議の議員に就任する資格も与えないことを明記した。

一方、皇太子さまの即位に伴い、皇太子がなくなるため、皇位継承順位一位となる弟の秋篠宮さまの呼称について、最終報告は「皇嗣《こうし》秋篠宮殿下」や「秋篠宮皇嗣殿下」などを例示した。議論の過程では、歴史上実例のある「皇太弟《こうたいてい》」を求める意見もあった。

有識者会議の退位を巡るヒアリングでは、「天皇は存在するだけで尊い」と「象徴としての務めを果たしてこそ天皇」という二つの考え方が鋭く対立した。退位賛成・容認派がかろうじて過半数を上回る九人だったが、反対・慎重派も七人で、「存在するだけで尊い」という見解の識者数人は安倍首相が推した「首相枠」とされた。一六年八月の「おことば」は内閣の助言と承認に基づき、内閣が責任を負う「公的行為」として発表されたが、有識者会議はその会議の名称が示す通り、ゼロベースから議論を組み立てた。天皇の国政関与を禁じる憲法にも配慮し、退位を前提にしたものではないという形式を整える一方、退位反対派も決して少なくないと印象づける狙いがヒアリングの人選に表れていた。落としどころは最初から「（上皇）陛下一代に限っての特例法」だった。

「国民の理解と共感」による一代限りの特例法

上皇さまの退位を実現する退位特例法が一七年六月九日午前、参院本会議で全会一致により可決、成立した。自由党は棄権した。採決では投票総数二百三十五、賛成二百三十五、反対〇だった。天皇の逝去によらない代替わりは約二百年ぶりで、退位後の天皇の称号を「上皇」、皇后を「上皇后」とすることが決まった。

退位特例法の第一条には、被災地お見舞いなど象徴としての公的な活動を精励してきた陛下（上皇さま）が高齢で今後の活動を続けられることを案じている。これに対し、そのお気持ちへの「国民の理解と共感」を退位の理由とすることで、天皇の国政関与を禁じた憲法に触れない旨を示した。

「上皇」と「上皇后」の敬称はいずれも「陛下」とした。上皇夫妻の日常の費用は天皇一家の私的活動費にあたる内廷費《ないてい》を充て、補佐する組織として「上皇職」を新設した。このほか、上皇や上皇后は新たな称号となるため、皇室の戸籍簿にあたる皇統譜《こうとうふ》に登録することも盛り込ん

「天皇の退位等に関する皇室典範特例法」の要点

天皇の退位及び皇嗣の即位（第２条）	天皇は、この法律の施行の日（平成31年4月30日）限り、退位し、皇嗣が直ちに即位する。
上皇（第３条）	退位した天皇の称号は上皇、敬称は陛下とする。喪儀・陵墓は天皇の例に準じる。皇位継承・皇室会議議員の資格は有さない。
上皇后（第４条）	上皇の妃は上皇后とする。皇室典範に定める事項については皇太后の例に準じる。
皇位継承後の皇嗣（第５条）	今回の皇位継承で皇嗣となった皇族（秋篠宮文仁親王殿下）は「皇太子」とは称されないが、皇室典範に定める事項については、皇太子の例に準じる。
法律の失効（附則第２条）	この法律の施行の日以前に皇室典範第４条の規定による皇位の継承があったときは、この法律は効力を失う。
皇室典範の一部改正（附則第３条）	皇室典範の附則に「この法律の特例として天皇の退位について定める天皇の退位等に関する皇室典範特例法は、この法律と一体をなすものである」という項を加える。

だ。

退位の日付にあたる特例法の施行日は、首相が皇室会議の意見を聴いたうえで公布から三年を超えない範囲で政令に定めるとした。

退位特例法の附則には、秋篠宮さまを「皇太子待遇」とするため皇族費を現行の三倍に増額し、秋篠宮さまを補佐する「皇嗣職」の新設なども記した。退位特例法施行後速やかに「女性宮家」創設などを検討するよう政府に求める国会の付帯決議も盛り込まれた。

二転三転する退位・即位日程

天皇陛下の退位日が一九年四月三十日と決まったのは一七年十二月一日の皇室会議だった。

皇室会議は衆参両院の正副議長や最高裁長官、宮内庁長官、皇族ら計十人で構成する。二十四年ぶり八回目の皇室会議が開催されたのは、天皇の退位日は退位特例法で首相が皇室会議の意見を聞くと義務づけられていたためだ。議長を務める首相が招集し、各議員が退位日の意見案を述べた。立憲民主党の赤松広隆衆院副議長（当時）は一八年十二月末の退位が望ましいとの見解を表明したが、議長の安倍首相の一九年四月三十日とする意見案が示され、約二百年ぶりの退位の日程が定まった。

当初、浮上したのは、年末や年度末など区切りの良い日だったが、結果は、年末でもない年度末でもない四月末となり、退位・即位日程案が二転三転した背景には、国民生活への影響や政治日程を考慮する首相官邸と、陛下の「ご意向」を重視する宮内庁とのせめぎ合いがあった。

当初有力だったのは、一八年末だった。新年を迎えると同時に皇太子さまが新天皇に即位し、元号も改まり、国民にわかりやすい節目として明確だった。しかし、元旦は「新年祝賀の儀」など皇室行事が早朝から目白押しで、一九年一月七日に予定される昭和天皇没後三十年の式年祭を自ら執り行いたいという上皇さまの思いもあるとして、宮内庁が強く難色を示した。

次の候補に挙がったのは、「一九年三月末」で、国民がなじみやすい年度末案だが、与野党が対立する国会での予算案審議や統一地方選と重なる。「選挙を終えた静かな時期の退位が適切」との意見が官邸内で強まり、見送りとなった。「国民の祝賀ムードが高まる」（政府高官）とみられる大型連休中の四月末に退位という流れが固まった。

一カ月前の新元号発表

「新しい元号は『れいわ』であります」

一九年四月一日午前十一時四十一分、首相官邸。当初の予定から十分ほど遅れて始まった新元号発表の記者会見に臨んだ菅《すが》義偉官房長官は冒頭、新元号を読み上げると、「令和」と墨書した額を掲げた。

「大化」（六四五年）から数えて二百四十八番目の元号で、皇位継承前の新元号公表は憲政史上初めて。一九七九年制定の元号法に基づく改元は「平成」に続いて二例目で、新元号の出典は『万葉集』だと明らかにした。中国ではなく日本の古典から採用されたのは初めてだった。

改元は天皇一代に一つの元号とする「一世一元」制が採用された明治以降、天皇逝去に伴う皇位継承時に行われてきた。今回は退位特例法に基づき、逝去によらない改元となった。

元号法は「元号は、政令で定める」と規定。元号の選定手続きは平成改元時を基本的に踏襲した。政府は、国文学、漢文学、日本史学、東洋史学の各分野の専門家に依頼した元号候補名から数個の原案に絞った。四月一日にはノーベル賞受賞者の山中伸弥京都大学教授ら有識者九人による「元号に関する懇談会」を首相官邸で開いて意見を聞き、衆参両院の正副議長の意見も聴取して改元政令を閣議決定した。

政府による保守派への配慮

新元号「令和」の発表にあたり、首相官邸から宮内庁を通じ、天皇陛下（上皇さま）に加え、五月一日に新天皇への即位を控えた皇太子さまにも伝えられたのが、今回の改元の特徴の一つだ。

お二人に公表直前にお知らせしなければならないという手続き上の規定はない。しかし、元号の制定権は歴史的に天皇に属していた。昭和天皇の逝去に伴う改元の際も、小渕恵三官房長官（当時）の発表前に宮内庁長官を通じて天皇陛下に報告されていた。

今回は令和への改元政令を決める臨時閣議が終わり、事務方トップの杉田和博官房副長官が山本信一郎宮内庁長官に新元号名などを電話連絡した。山本長官は東宮御所にいた西村泰彦同庁次長に電話で伝え、山本長官が陛下、西村次長が皇太子さまにそれぞれ面会して新元号名を伝えた。伝達完了の連絡が官邸に届いたのは午前十一時四十分だった。

首相は公表に先立つ二月二十二日と三月二十九日、皇太子さまと面会した。政府が公表直前の報告を上皇さまだけでなく、皇太子さまにも行うことを決めた背景には、新元号は皇太子さまの贈り名（追号）となることを考慮した。自民党の保守派からも、皇太子さまに事前に報告するように求める声が出ていた。

新元号の公表を巡っては、自民党保守系議員や首相を支持する保守派団体「日本会議」が新天皇即位後の新元号の発表を求めていた。当時の保守派の内部文書にも「新元号を事前に閣議決定して公表することは容認する」代わりに「改元の政令への署名は新天皇が行う」とする対案の記載があった。対案は政令の署名日を「五月一日」として、ぎりぎりまで政府に検討を要請していた。だが、閣議決定した政令の公布を五月一日まで延ばすことについては「本来は事務的な公布手続きに政治的な意味が出る。天皇の国政関与を禁じた憲法四条違反と指摘されかねない」（内閣法制局）として退けられた。

政府は国会から退位特例法の付帯決議で「改元に伴って国民生活に支障が生じないようにする」と求められた点を重視。安倍首相は一九年一月の会見で、四月一日に公表すると表明していた。

新元号を公表する直前に、当時の天皇陛下と皇太子さまへの伝達が行われたのは、天皇と元号は一体不可分だとして、発表より前にお二人に伝えるべきだと主張してきた保守派への配慮だった。

第2章　新天皇即位——その決意と素顔

初の記者会見

二〇二〇（令和二）年二月二十一日。六十歳の誕生日を迎えた天皇陛下は、即位後初めての記者会見に臨み、「たくさんの方々から頂いた祝福の気持ちを糧《かて》に、上皇陛下のこれまでの歩みに深く思いを致し、歴代の天皇のなさりようを心にとどめ、研鑽《けんさん》を積み、常に国民を思い、国民に寄り添いながら、象徴としての責務を果たすべくなお一層努めてまいりたい」と決意を新たにした。

お住まいの東京都港区の赤坂御所の「日月の間」で開かれた記者会見には、一九八九（平成元）年八月に上皇さまが臨んだ即位後会見を踏襲し、宮内記者会に加え、日本記者クラブと在日外国報道協会の計四十六人の記者が出席した。宮内庁は皇后雅子さまの同席も検討したが、体調面も考慮して出席を見送り、陛下単独での会見となった。

宮内庁が正式に天皇の「記者会見」と位置づけたのは、上皇さまが即位後初めて行った八九年八月の会見が初めてだった。上皇后美智子さまも同席した。昭和天皇も米国親善訪問後の一九七五（昭和五十）年十月三十一日、香淳皇后とともに初めての記者会見に臨み、米国訪問の感想や在位中の思い出、戦争などに関する質問に答えた。ただし、宮内庁の見解では、「会見」とは国賓《こくひん》などの外国元首に限っており、記者があいさつした「拝謁」（『昭和天皇実録』第十六巻五十三）と記録している。「公式」な記者会見はこの時の一回だけだった。

即位後初の天皇会見は、いわば、象徴天皇としての所信表明の場ともいえる。昭和天皇が会見した場所と同じ皇居・宮殿「石橋《しゃっきょう》の間」で会見に臨んだ上皇さまへの質問は十二問に及んだ。初めての「公式」会見ということもあり、「天皇の戦争責任」「言論の自由」「政教分離」などの政治的な質問も出たが、「言論の自由は保たれるということは、民主主義の基礎」などに見られるように、歯切れのいいコンパクトな発言が目立った。

この時の会見の様子について、当時宮内記者会の幹事だった東京新聞（中日新聞東京本社）の先輩（右手正朝）記者に聞いたことがある。右手記者は幹事社として立ち、前半の代表質問をしようとした時、陛下は左手を差し出して「どうぞ座って」と声をかけた。想定外のできごとに「区切りでもございますので」と立ったまま質問を続けた。

あとで会見に出席した外国紙の記者から「陛下の方が開かれている」と言われ、「私はこの時、昭和の時代と違う陛下の姿勢を読み取ることができなかった」と、代替わり前の連載企画

「歴代担当記者が見た象徴天皇」（二〇一九年四月六日付の東京新聞朝刊第二社会面）に回想記事を寄せた。

この時の会見の質問は、昭和天皇の思い出から今後の皇室の在り方、憲法への思い、国際親善の意義や中国、韓国訪問への抱負、沖縄への思いなど多岐にわたった。今回の陛下の初会見も質問数は関連質問も含めると九問に及び、会見時間も予定時間を十分オーバーの四十分にわたった。①即位の決意・抱負、②憲法への思い、③戦争や平和への思い、など主な項目三点については、「平成」と「令和」の会見のお言葉を対比した。

まず即位の決意・抱負については、上皇さまは「憲法に定められた天皇の在り方を念頭に」とした上で、「現代にふさわしい皇室の在り方を求めていきたい」と抱負を述べた。これに対し、陛下は「国民を思い、国民に寄り添い」という上皇ご夫妻が平成の時代に体現してきた姿勢を踏襲する考えを繰り返し言及しながらも、「今後の活動の方向性についても考えていきたい」と新たな活動を探る姿勢ものぞかせた。

具体的な取り組みについては明言を避けたが、近年のスマートフォンの普及や自然災害の深刻化などを念頭に「それに対応した務めを考え、行動していくことは大切であり、皇室の役割でもある」との考えを示した。ライフワークの水問題に関する（関連）質問については「生活環境の問題のほか、干ばつ・砂漠化・水質汚染など、多岐にわたる地球規模の環境問題にも深く関わってきます」との現状認識を示した上で、『水』問題についての取り組みも今後とも続けていきたい」などと意欲をにじませた。

憲法への思いについては、上皇さまは「憲法は、国の最高法規ですので，国民とともに憲法を守ることに努めていきたい」と強調し、その背景についても「終戦の翌年に、学習院初等科を卒業した私にとって、その年に憲法が公布されましたことから、私にとって憲法として意識されるものは日本国憲法ということになります」と憲法とともに歩んだ戦後を重視する姿勢に言及した。

陛下は、一九年五月一日の「即位後朝見の儀」や十月の「即位礼正殿の儀」で、「憲法にのっとり」象徴としての務めを果たす決意を示していたが、初会見では「憲法を順守し」という言葉を用い、憲法重視の考えをより明確化した。

戦争や平和への思いについては、戦争体験をされた上皇さまと、戦後生まれの陛下の平和に対する原体験の違いも浮き彫りとなった。一九八九年八月の会見では、上皇さまは「先の大戦では、内外多数の人々が亡くなり、また、苦しみを受けたことを思うと、誠に心が痛みます」と言及した。終戦の年、十一歳だった上皇さまにとって一番印象に残っている原風景は、疎開先の日光から帰京した原宿駅で目撃した「一面焼け野原」と化した東京の光景だった。皇太子時代の会見で上皇さまはこのことを繰り返し触れていたが、陛下は上皇ご夫妻と一緒に出席した一九六四年の東京五輪の閉会式で、「各国選手団が国ごとではなく、混ざり合って仲良く行進する姿」を目の当たりにしたことが「世界の平和を切に願う気持ちの元になっている」と明かした。原爆投下から今年で七十五年となる広島や長崎については、被爆者の高齢化が進んでいることに触れ、機会があれば訪問したいとの思いも示したが、戦後世代として戦争体験の継承や平和への努力をどう実践していくかなどについては具体的に言及していない。被爆地訪問などを通じて、今後の課題解決の方策を探ることとなる。

「もう還暦ではなく、まだ還暦という思いでおります」。五十九歳二カ月と近代の天皇で最も高齢で即位し、還暦を迎えた心境について問われた陛下は、大相撲初場所で三十三歳で初優勝した徳勝龍の発言を引き合いに、今後の活動への意欲をこう表現した。適応障害で療養中の皇后さまについて、陛下は「即位以来、忙しい日々を送る中でも、公私にわたり良き相談相手となってくれています」と謝意を示す一方、「私も今後とも、できる限り雅子の力になり、支えていきたい」などと述べた。これまでは天皇を支える側の立場とされてきた皇后と二人三脚で歩む姿勢も明確したのも今回の会見の特徴の一つといえる。

このほか、即位儀式については、陛下は「平成時を踏襲した上で、必要に応じて、変更や工夫を取り入れたものと認識しております」と語った。安定的な皇位継承に向けた制度に関する質問には、皇族の高齢化や女性皇族の結婚で公的活動を担うことができる皇族が減少していることに触れ、「皇室の将来とも関係する問題だ」との認識を示しつつも、制度への言及は避けた。皇嗣となった秋篠宮さまとの話し合いについても、具体的な内容は控えたが、「折に触れて、いろいろな話をします」と述べた。

皇后の国民への謝意

「多くの国民の皆様から、思いがけないほど本当に温かいお祝いを頂きましたことに、心から感謝しております。（略）日本国内各地で出会った沢山の笑顔は、私にとりましてかけがえのない思い出として心に残り、これからの歩みを進めていく上で、大きな支えになってくれるものと思います」

二〇一九年十二月九日の誕生日を前に、皇后雅子さまは宮内庁を通じて発表した感想の中で、「国民」から寄せられた「温かいお祝い」に謝意を示しつつ、陛下の即位に伴う行事を一緒に果たしてきた胸の内をこう綴《つづ》った。「国民の皆様」という言葉を五回、「温かいお祝い（もしくは「温かいお気持ち」）」という表現も四回使った。

五月一日に皇位を継承して象徴天皇としての歩みを始めた陛下の側《そば》にあって常に新天皇を支えたのは雅子さまであり、令和の「代替わり」での関心事の一つは、〇三年以降、適応障害の療養が続いている雅子さまの動向だ。平成の時代、「国民と苦楽をともに」を掲げ、象徴天皇像を模索してきた上皇ご夫妻の「夫婦そろって」の公務のスタイルは国民の間で定着した。病気療養中の雅子さまに過度の期待を寄せるのは酷であるが、一方で、皇后の動向は国民的関心事であることも周知の事実だ。果たして、雅子さまは皇后としての公務に耐えられるのだろうか。多くの国民は固唾をのんで見守ったのではないか。

しかし、こうした懸念はいい意味で裏切られたといえる。五月一日の皇位継承儀式から秋に行われた即位の礼、大嘗祭《だいじょうさい》に至る一連の即位行事すべてに出席したのをはじめ、「四大行幸《ぎょうこう》啓《けい》」と呼ばれる地方訪問やトランプ米大統領ら来日した外国賓客を接遇する宮殿行事など、主要行事全てに出席されるなど、ほぼ完璧な形でこなした。

宮内庁によると、一八年十二月九日の誕生日から翌年十二月八日までの一年間、雅子さまの公務での東京都内への外出は、即位後の五月二十二日に行われた全国赤十字大会などの単独公務（三件）も含め六十七件で、前年より二十一件増えた。

全国植樹祭や国民文化祭などの四大行幸啓のほか、陛下とともに即位礼や大嘗祭の終了を皇祖神の天照大神《あまてらすおおみかみ》をまつる伊勢神宮（三重県伊勢市）、初代天皇とされる神武天皇陵（奈良県橿《かし》原《はら》市）などに報告する「親謁《しんえつ》の儀」などに臨んだ地方訪問も、前年を三件上回る七件（訪問先は八府県）。前年ゼロだった、宮中祭祀《さいし》に出席した儀式数も、昭和天皇没後三十年の式年祭や一連の皇位継承、即位関連の儀式など十二件（日数で七日間）だった。

また、関係者との面会の回数も二十七件増の七十六件にのぼった。特に前年ゼロだった日本に駐在している外国大使離任の際の接見・引見件数は九件と急増した。

公務復帰に向けた「様々な工夫」

こうした公務の出席件数を見る限り、「皇后は復調した」と見る皇室関係者も少なくないが、周囲は「それは早計だ」として依然として慎重な姿勢だ。

一九年十二月九日の誕生日に合わせて雅子さまの医師団が発表した見解（「皇后陛下のお誕生日に際しての医師団見解」）も慎重論の一つだ。

医師団も「ご活動を一つ一つ着実に積み重ねていらっしゃることがご自信となり、それがご活動の幅の広がりにつながってきていると拝察し、医師団としても望ましいことと考えております」と指摘するなど、代替わり後の順調なスタート自体は認めている。

その要因について「様々な工夫を重ねられながらご体調を整えられるなど、皇后陛下のご努力によるところが大きい」「ご活動に当たり、例えば、祝賀御列《おんれつ》の儀や地方御訪問の際に、直接おふれあいになる方々からの温かい声や反応に元気づけられておられるようにもお見受けいたします」などと分析しているが、「様々な工夫」とは、一体どのようなものなのか。

侍従職などによると、一つには、全国植樹祭出席などの地方訪問は一泊二日が維持された。

即位礼や大嘗祭が終了したことを伊勢神宮や初代天皇陵などに報告する「親謁の儀」で二泊三日の日程も組まれたこともあったが、雅子さまが公務に一部復帰してからの通常の公務で一泊以上の地方訪問はない。疲れがたまらないように、という配慮だが、一泊二日の日程では、施設訪問は三カ所が限界。遠方ならば、移動時間を考えて一カ所とせざるを得ない場合も少なくない。逆に都内から近距離の場合、訪問先を詰めすぎて御所への帰りが遅くならないようにする。こうした日程調整も側近にとって腕の見せ所だ。

二つめには、雅子さまが公務で外出される間隔を空け、連日としないとしたことだろう。そのひとつの典型例は、海外の賓客も含めて各界各層の人々を招いて陛下の即位を祝う「饗宴《きょうえん》の儀」で、十月二十二日、二十五日、二十九日、三十一日と計四回行われたが、それぞれ一日～三日の間隔を設けた。

さらに、重要な儀式や公務で三日連続となったのは、三回だけだった。十一月十四日の夕方から翌十五日の未明まで続いた「大嘗宮の儀」から十六日の「大饗の儀」までの大嘗祭関連のほか、即位礼と大嘗祭の終了を報告する「親謁の儀」で、移動日を含めて二泊三日となった伊勢神宮（三重県伊勢市）や奈良、京都訪問などがそれだ。二日連続の公務も、退位礼正殿の儀と剣璽《けんじ》等承継《とうしょうけい》の儀などの代替わり儀式が連日となった一九年四月三十日～五月一日、全国植樹祭や全国豊かな海づくり大会などのため愛知県など四県を一泊二日で訪問した四大行幸啓関係など約十件あった。しかし、これらの日程の前後には必ず一日以上の「調整日」を設けるなどの対策を講じた。

長時間の拘束が余儀なくされる儀式で疲れがたまらないように、との配慮で、側近は「今年は陛下が即位したという年で、皇后さまは特に強い責任感を持ってお務めに臨まれている」とたたえた。

皇后を支える家族と国民の励まし

こうした雅子さま本人の努力に加え、家族の存在も大きい、と側近の一人は指摘する。その源泉について、複数の幹部らの話を総合すると、以下の三つの要因が考えられる。

一つは、陛下が優しく見守っていることだろう。これまでの誕生日会見で言及している通り、常に雅子さまの体調と気持ちを第一に接しているし、お二人でよく話し合って公務に臨まれていることがいい結果につながっている。二つめは、(陛下の即位時点で)愛子さまが高校三年生となり、以前のように学校を休まれなくなった点も見逃せない。一家で大切に飼っている愛犬の「由莉《ゆり》」の癒し効果を指摘する職員もいる。そして三つめは、雅子さま自身も誕生日の感想文でも触れているが、国民の激励に接した効果だ。

だが、医師団は「これをもって過剰な期待を持たれることは、今後のご快復にとって、かえって逆効果となり得る」と警鐘を鳴らしている。「皇后陛下には、依然としてご快復の途上にあり、ご体調には波がおありです。そのため、大きい行事の後や行事が続かれた場合には、お疲れがしばらく残られることもあります」という見解だ。

天皇皇后そろっての会見の行方は

皇室と国民をつなぐ貴重な情報発信の機会となるのが記者会見だが、その機会は意外と少ない。上皇さまの在位中は、基本的に年一回の誕生日の会見と外国訪問があった場合に限られた。外国訪問前会見は上皇后美智子さまとそろって会見を受けていたが、誕生日会見だけは一九九一年から陛下一人となった。このほか、ご結婚五十年や在位五十周年などの節目の年にも両陛下で会見に臨んでいた。美智子さまは、皇太子妃時代、誕生日に合わせて単独で会見に臨んでいたが、皇后になってからは、誕生日の会見はなくなった。代わって、九一年から宮内記者会が宮内庁を通じて提出した質問に文書回答する形となった。退位後の上皇ご夫妻の会見や文書回答はなくなった。

一方、令和の時代の天皇の会見スタイルはどのようになるのか。国民の多くも雅子さまが陛下と一緒に会見し、肉声で思いを語ってほしいと望んでいると思う。しかし、その日の実現の見通しは立っていない。

天皇誕生日はこれまでの十二月二十三日から二月二十三日に移行した。即位後最初の雅子さまの誕生日では、病気療養後と同じく宮内庁を通じて感想を発表した。天皇家の長女愛子さまも成年皇族に達した場合、前例に従えば、成人式での記者会見、その後の誕生日は文書回答する形になるとみられる。公務での外国訪問前の記者会見なども設定される可能性もある。

皇太子待遇となった秋篠宮さまは従来通り、誕生日会見と外国訪問前会見は行われる。誕生日会見には従来、ご夫妻で臨まれていたが、代替わり後は秋篠宮さまお一人に変更となった。また、紀子さまの誕生日は、会見は設定されず、宮内記者会の質問へ文書で回答する形となった。他の皇族は成人式や婚約、古希などの節目に会見する。

リハーサルのない天皇会見

宮内庁担当記者であっても、皇族と直接言葉を交わす機会は少ない。両陛下をはじめ、皇族方が公務で外出する機会を外から取材する機会は多々あっても、直接質問して記事にする数少ない機会は記者会見だけだ。

誕生日会見の場合、皇太子時代の陛下や秋篠宮さまは記者会から五問程度の質問と関連質問を受け付ける。質問は誕生日会見の一カ月ほど前に宮内記者会の幹事が取りまとめ、側近部局の侍従職や皇嗣《こうし》職に提出する。事前の質問内容に目を通し、限られた時間で回答内容を検討し、会見の本番に備える。皇太子の誕生日会見では、皇室の重要事項について私的に相談に乗る宮内庁参与と事前に会見のリハーサルを行い、質問への回答についてのアドバイスを受ける。参与は首相や宮内庁長官のほか、大学教授や検事総長、経済界の重鎮など、多彩なメンバーがこれまで就任してきた。参与経験者から「質問の回答にはなるべく憲法を遵守されるという文言は入れることが望ましい」などとアドバイスしたとの体験談を聞いたこともある。

天皇の会見の場合は、こうした参与のリハーサルはない。上皇さまの在位中は、上皇さま自らがパソコンに向き合い、時折、美智子さまと相談しながら、回答期限ぎりぎりまで推敲《すいこう》を重ねると元側近から聞いたことがある。側近の侍従職は関連資料の収集などを行い、原案に目を通すこともあるが、基本的に内容にタッチすることはないという。

ライフワークは水運史から水問題へ

即位直前の一九年四月、陛下がライフワークに位置づけている水問題に関する国際会議などでの講演録をまとめた『水運史から世界の水へ』（NHK出版）や学習院大学史料館の客員研究員として二十年以上にわたって取り組んでいた牛車研究の論文を収録した『陽明文庫　近衛《このえ》家伝来の至宝』（吉川弘文館）が相次いで出版された。牛車研究に関しては、その前年の一八年十二月に刊行された『御料車と華族の愛車』（霞《かすみ》会館、非売品）にも、陛下は「前近代の『御料車』」と題する論文を寄稿していた。関係者は「天皇として即位すれば、こうした講演や論文発表などの機会も今後、制限されるので、その前に、これまでの研究成果の一部を集大成されたのではないか」と陛下の胸中を推し量った。

陛下が水問題に熱心に取り組んでいることを初めて知ったのは、〇三年三月、京都市の国立京都国際会館で開催された第三回「世界水フォーラム」の取材だった。陛下はこのフォーラムで「京都と地方を結ぶ水の道——古代・中世の琵琶湖・淀川水運を中心として」と題して記念講演した。

京都という町は、東は琵琶湖を通じて日本海地域や東日本と結びつき、西は淀川を通じて瀬戸内海や西日本とつながっていた。当時の国家への献納物や荘園年貢を通じて、日本海側や西日本からは米など重い物資が、東日本の太平洋側からは絹や綿など軽い物資が運ばれてきた。このことは、日本海や瀬戸内海は航海に適し、琵琶湖の水運も利用できたことに対し、東日本の太平洋側は波が荒く航海に適さず、陸上輸送が中心だったことを意味する。

おおむねこのような内容だったが、その時の筆者の印象は、陛下の講演内容は学生時代の研究テーマである中世の水運史との認識だった。だが、陛下はこのころから、交通手段としての水運史から生活手段としての水問題へ関心領域を広げていたとみられる。

陛下は〇七年から八年間、国連「水と衛生に関する諮問委員会」の名誉総裁を務め、水問題に関する講演はビデオメッセージも含めてこれまでに八カ国で計十一回に上る。こうした活動の原点は、一九八七年のネパール訪問の時に目にした光景だ。

「多くの女性が水を得るための家事労働から解放されずに地位向上を阻まれており、子供が水くみに時間を取られて学校へ行けないという現実があることを知りました」

二〇〇七年十二月に大分県であった「第一回アジア・太平洋水サミット」の記念講演で、陛下はネパールで撮影した一枚の写真を示しながら、人々に深刻な影響を及ぼす水問題の解決を願う思いを語った。

元宮内庁書陵部主席研究官などを務め、大学時代の陛下に古文書学習の手ほどきをしたこともある元奥羽大学教授の飯倉晴武氏は「毎週一、二回、時間にして二時間、古文書の宝庫である宮内庁書陵部で公家の文書を材料に学習された。非常に熱心で、探究心旺盛な学究肌のタイプだった。イギリス留学から帰国してから、水運史から水問題へとテーマを広げられたのはとても素晴らしい着眼点だった」と話した。

史料に誠実に向き合う「学者天皇」

一方、陛下の牛車研究への関心に具体的に接したのは陛下の即位前で、知り合いの関係者から資料を取り寄せたのがきっかけだった。その一つが平成最後の日の四月三十日刊行の『陽明

文庫　近衞家伝来の至宝』に収められていた論文で、内容を読み、研究を通じて交流のあった専門家の話を聞く過程で鮮明になってきたのは、まぎれもなく、史料に誠実に向き合う学者天皇の素顔だった。

一八年七月十五日、東京大学（東京都文京区）のホールに、皇太子時代の陛下の姿があった。日本学術振興会の科学研究費による財団法人「陽明文庫」設立八十周年記念特別研究集会。この日の講演は私的研究のため非公開だったが、陛下は「陽明文庫に残された三点の牛車絵図」と題して約三十分間、講演した。

陛下は「天皇は牛車に乗ることはなかった」とし、その理由について、車を引く牛が暴走する光景が描かれている中世の絵巻物を紹介しながら、「牛車は決して安全な乗り物ではなかった」と指摘した。この講演は学習院大学史料館客員研究員の木村真美子氏との共同研究の集大成だった。

宮内庁によると、陛下は講演の日の朝、側近を通じて出席者分の講演用レジュメを会場に届けさせた。側近は「この日の研究発表に限らず、陛下は前日ぎりぎりまで発表の準備をなされている」と指摘する。また、集会終了後の情報交換会にも出席した。この日の陛下の滞在時間は「異例中の異例」（側近）の八時間に及んだ。情報交換会では参加者約六十人の一人一人と和やかに交流した。

集会で報告者の一人として参加した国立歴史民俗博物館准教授の小倉慈司《しげじ》氏（古代史）は「陛下の牛車絵図研究は数十点にも及ぶ写本調査の上に築かれたもので、そのなかには研究によって史料的価値が明らかとなり、国の重要文化財（重文）指定に結びついた史料がある。史料研究は地味ながら、さまざまな研究の基盤となるものであり、陛下の研究もまた、今後、長く評価、参照され続けることになるのではないか」と話している。

乗車体験で「タイムスリップ」

「車は、自分を短時間で遠いところへ連れて行ってくれる有り難い存在であった。一方で、子供時代の私は、街を自由に歩きたくても、車があるためにそれができないうらめしさを、少しばかり車に対して抱いていたことも確かである」

一八年末に刊行された『御料車と華族の愛車』所収の論文「前近代の『御料車』」の中で、陛下は牛車との出会いについてこう言及していた。

そんな陛下の思いを物語るエピソードもある。学友関係者の話によると、〇二年五月十九日昼過ぎ、東宮御所からほど近い東京・港区赤坂の飲食店で学習院初等科の同窓会「徳桜会《とくおうかい》」の集まりがあった。いつもと違ったのは、陛下は車ではなく、徒歩で同級生が待つ玄関先に現れたことだった。「きょうはお車ではなく？」と尋ねる学友に「近くだからね」と笑顔の陛下。

東宮御所のある赤坂御用地から同窓会会場の飲食店までの間は距離にして数百メートルほど。飲食店の前の青山通りをはさんで歩道橋がある。学友の一人は「歩道橋から周囲の景色を楽しまれたのではないか。皇太子さまになられてからは御用地の外はなかなか歩けない。そんな境遇の陛下が、われわれにみせたささやかな喜びのひとコマだったと思っている」と陛下の当時の胸中を推察した。

水上交通の研究者として知られる陛下が牛車研究に本格的に取り組むようになったのは、一九九六年に学習院大学史料館に車絵が大量に収められた西園寺《さいおんじ》家文書が寄託されてからだ。陛下は九二年から史料館の客員研究員に就任し、同じく研究員の木村真美子氏らと史料調査を行ってきた。寄託史料の調査を始めて間もない九七年ごろ、側近を通じて愛知県西尾市岩瀬文庫に所蔵されていた江戸時代の「車之図」の複写史料を取り寄せたこともある。二〇一六年八月、陛下が岩瀬文庫を視察された際、陛下はその時の史料収集のことも覚えていて文庫の職員に謝意を伝えたという。複写を担当した関係者は「二十年も前のことを覚えていてくれてうれしくなりました」と話した。

こうした牛車絵図の精力的な写本調査などを通じて、陛下は研究を深めていったが、陛下らしい一つの試みは牛車の乗車体験だった。

関係者によると、陛下は皇太子時代、研究のための体験として、宮内庁京都事務所に保管中の牛車に計三回乗車している。〇七年の初乗車では、学習院大学史料館の「ミュージアム・レター」（同年九月十五日）に「車輪の回転に伴い、キーキーという独特な摩擦音があたりに響く。平安の都は、日夜このような牛車の音に満ちていたのだろうか。ゆるやかな時の流れに身をゆだねながら、しばし、当時にタイムスリップしたような感覚にとらわれた」と体験記を寄せた。

「陛下の研究姿勢は極めて緻密で実証主義に基づいている。学生時代に培ったフィールドワークを大切にされる研究姿勢にも通じる」。学習院大学でともに中世史を専攻した学友の乃万《のま》暢《のぶ》敏《とし》氏は、陛下の素顔をこう語った。

第3章 新時代の天皇・皇室の仕事と役割

超多忙な即位日

陛下が天皇に即位した二〇一九（令和元）年五月一日。宮内庁ホームページにある「御即位当日行事一覧」と題された天皇の生涯で最も多忙な一日のスケジュールを覗《のぞ》いてみると——。

この日、天皇、皇后両陛下が出席した行事の一覧は別表の通りだが、午前中の「即位後朝《ちょう》見《けん》の儀」や午後からの新侍従長と新上皇職侍従長との面会、上皇ご夫妻への即位の挨拶、皇族方をはじめとする即位の祝賀など計十三の行事には皇后雅子さまも出席した。

この日は、本書第5章でも詳述するように、国民が新天皇の誕生を目にする最初の皇位継承セレモニーである「剣《けん》璽《じ》等《とう》承《しょう》継《けい》の儀」や「即位後朝見の儀」などが行われた節目の日だが、その合間を縫ってさまざまな関連する公務も行われた。

午前十時五分からの「執務」は、午前中に皇居・宮殿の正殿「松の間」で「剣璽等承継の儀」と「即位後朝見の儀」を国の儀式（国事行為）として行うことを定めた閣議決定の文書に

天皇陛下の即位日の行事一覧

行事時刻	出席	行事	内容	場所
【午前】				
午前10時５分	天皇陛下	執務		宮殿・菊の間
午前10時30分	同		剣璽等承継の儀	松の間
午前10時30分	代拝		賢所の儀 皇霊殿神殿の儀	宮中三殿
午前11時10分	天皇、皇后両陛下		即位後朝見の儀	松の間
午前11時40分	天皇陛下	内奏		鳳凰の間
	同	執務		菊の間
【午後】				
	天皇陛下	認証官任命式	侍従長、上皇侍従長	松の間
	天皇、皇后両陛下	拝謁	侍従長、上皇侍従長	赤坂御所
午後３時	同	挨拶	上皇ご夫妻	吹上仙洞御所
午後３時30分	同	祝賀	皇嗣秋篠宮ご夫妻はじめ皇族方	松の間
午後３時40分	同	祝賀	元皇族、親族	竹の間
午後３時50分	同	祝賀	未成年皇族	鳳凰の間
午後４時10分	同	祝賀	宮内庁長官、課長相当以上、参与、御用掛	鳳凰の間
午後４時20分	同	祝賀	元参与、元側近奉仕者 元御用掛	竹の間
午後４時30分	同	祝賀	旧奉仕会会員等	南溜
午後４時40分	同	祝賀	宮内庁職員、皇宮警察本部職員	北溜
午後４時50分	同	祝賀	堂上会総代	鳳凰の間
午後５時30分	同	拝謁	人事異動者	赤坂御所
午後６時	同	祝賀	侍従長、侍従職職員等	同

宮内庁 HP に掲載の「御即位当日行事一覧」より

署名と押印をする決裁で、これが天皇として即位後初仕事となる国事行為だった。

続いて行われた二つの儀式も国事行為として行われたが、いずれも即位後の天皇にとっては欠かすことのできない皇位継承に伴う重要な儀式だ。終了後には菅《すが》義偉官房長官から新天皇に対する初の「内奏」があり、側近トップとなる小田野展丈《のぶたけ》侍従長と上皇さまを支える河相周夫《ちかお》上皇侍従長の人事（五月一日付）を決裁し、午後から松の間で行われた二人の認証官任命式に出席した。

内奏は、首相や国務大臣らが天皇陛下に対して国政の課題などについて内々に報告・説明することで、宮殿の一室で陛下に仕える侍従も同席しない。この日の内奏は侍従長と上皇職侍従長の二人の人事を認証する国事行為について菅官房長官から説明を受けたとみられる。これは内閣が責任を負う「公的行為」と呼ばれる天皇の公務の一つだ。

認証官任命式も、国事行為に関連した公的行為で、皇居・宮殿で行われる任命式では、新侍従長ら二人は菅官房長官から辞令書（官記）を受け取り、その際、陛下から「重任《じゅうにん》ご苦労に思います」と言葉をかけられた。天皇の認証が必要なのは、閣僚のほか副大臣、宮内庁長官、侍従長、海外の日本大使館に赴任する特命全権大使、最高裁判事、検事総長などで、辞令書に署名などをして認証する行為自体は天皇の国事行為だ。

その後、両陛下が上皇ご夫妻に即位の挨拶を行い、侍従長ら新任の認証官や人事異動者と面会したが、これらの行為や午後三時半から皇族方をはじめとする関係者から受ける即位の祝賀も象徴としての立場で行う「公的行為」に位置づけられている。

上記は天皇の仕事のほんの一部にすぎないが、内閣から届いた文書に署名、押印するデスクワークから認証官任命式まで陛下がこの日出席した公務は十八にのぼった。

国事行為・公的行為・その他の行為

天皇が行う活動については、一般的に①天皇の国家機関（日本国の象徴）としての立場に基づく「国事行為」②象徴の地位にある天皇の立場で行う「公的行為」③「私的行為」――の三つに分類されている。このうち「国事行為」と「公的行為」が公務という位置づけだ。③の「私的行為」について、政府は「その他の行為」と位置づけ、「公的性格や公的色彩を有する行為」と「純然たる私的なもの」に分類している。

この三分類（あるいは四分類）のうち、憲法に規定されているのは「国事行為」のみで、学者によっては、天皇は国事行為だけを行えばいいという見解もあるが、筆者は天皇が象徴であるためには能動的な活動を果たすことは必要であり、国事行為以外の天皇の行為も重要な意義を有すると考える。その観点から、この三分類に基づく天皇の活動の現状をみていきたい。

国事行為は、首相や最高裁判所長官の任命のほか、法律や政令、条約の公布、国会の召集、勲章や褒賞などの栄典の授与、外国の大使及び公使の接受などで、憲法第六条、第七条に明記されている。国事行為は「内閣の助言と承認を必要とし、内閣がその責任を負ふ」（憲法第三条）と規定されており、それぞれの国事行為は内閣の意思で決定し、天皇がそれを形式的名目的に実行していく行為という考え方だ。

天皇の仕事といえば、外国への親善訪問や被災地訪問などの皇居外の活動が注目されがちだが、実は「執務」と呼ばれるデスクワークが最も多い。改正した法律の公布に必要な署名の際には、変更点などの内容を熟読して内閣の担当職員に確認するなど、丁寧に臨んでいるという。通常、火曜日と金曜日に行われる閣議後に内閣から届けられる書類に目を通して署名、押印するが、こうした書類の決裁だけで年間一千件を超える。

代替わり関連でみると、一九年四月一日に内閣が決定、発表した新元号「令和」に関する政令の公布や上皇さまの退位日の四月三十日に皇居・宮殿で行われた新例の「退位礼正殿の儀」も天皇の国事行為だった。

激増した「公的行為」

こうした国事行為のほか、象徴天皇という立場に基づく「公的行為」と呼ばれる公務は憲法に明文規定はないが、その範囲は広い。具体的には、「新年一般参賀」や「歌会始《うたかいはじめ》」「勲章親授式」「信任状捧呈式《ほうていしき》」「園遊会」「外国賓客の接受（ご会見やご引見、宮中晩餐会《ばんさんかい》、午餐《ごさん》など）」などのほか、全国植樹祭や全国戦没者追悼式典、国会の開会式などの式典への出席、被災地訪問など多岐にわたる。

これらの公的行為は、天皇の意思による行為との解釈も可能だが、実際は主催団体などからの「願い出」に基づいて天皇が決定するという形を取られている場合が多い。全国植樹祭などの式典で述べる「おことば」は、上皇さまの在位中には負担軽減策の一環として〇九年から見合わせていたが、今回の代替わりで復活した。側近の話では、陛下が側近から資料などを取り寄せて文案もご自身で推敲《すいこう》する。このほか、文化芸術やスポーツ振興のためのコンサート、美術展鑑賞、スポーツ観戦の機会も多い。これらの行事は土日祝日に関係なく、関係する団体からの願い出に基づく予定が次々に入ってくるため、年間のスケジュールはびっしりだ。

天皇が行う公的行為について、昭和と平成の時代を比較すると、平成になって頻繁に行われるようになった被災地訪問や戦没者慰霊のほか、地方訪問や茶会など国民と接する活動が全般的に増加していることが特徴点の一つに挙げられる。昭和天皇が八十二歳だった一九八三年に比べ、同じ八十二歳の時の上皇さまが各界の功労者などを招いて皇居・宮殿で行う「お茶・茶会」は十四倍、地方訪問も三倍に増えた。

公務自体が増えたのは、日本と外交関係を樹立した外国の数が急増したことに加え、副大臣が認証官に加わったことなどが背景にあるが、国民に寄り添うことを基本に、福祉施設や被災地訪問、戦没者慰霊などの「公的行為」を積極的に行ってきた上皇ご夫妻のスタンスも無視できない。

一方で、こうした天皇の公的活動については、二〇〇九（平成二十一）年に各種式典での「おことば」をなくしたり、一五年から「子供の日」や「敬老の日」にちなんだ施設訪問を、当時の皇太子さまと秋篠宮さまに譲られたりするなど、少しずつ見直しも行われてきた。しかし、内容についての調整が主で、活動そのものの大幅な削減は行われていない。上皇さまは一二年十二月の誕生日会見で「負担の軽減は、公的行事の場合、公平の原則を踏まえてしなければならないので、十分に考えてしなくてはいけません」と述べている。

「私的行為」に位置づけられる宮中祭祀

「私的行為」は天皇が私人としての立場で行う行為で、具体的には皇居の宮中三殿などで行われている宮中祭祀《さいし》がメインだ。戦後、政教分離の観点から天皇の私的な活動と位置づけられ、費用も天皇ご一家の私的活動費である「内廷費《ないてい》」で賄われる。新年元日の四方拝や十一月二十三日夜から翌二十四日未明に毎年、皇居・宮中三殿の神嘉殿《しんかでん》で「五穀豊穣《ごこくほうじょう》」と国民の安寧を祈る「新嘗祭《にいなめさい》」など、少なくとも年間三十回以上行われている。

このほか、御用邸での静養や研究、私的旅行、神社参拝、大相撲や野球（天覧試合）などの観戦なども、私的行為に位置づけられている。ただ、音楽会や美術展などの芸術鑑賞であっても、主催者が公的機関であったり、芸術奨励やチャリティーなどの趣旨が含まれている場合は一概に私的行為とはみなされない。公私の区別もケース・バイ・ケースの判断に委ねられる。

これに対し、政府は私的行為を「その他の行為」と位置づけた上で、純然たる私的行為以外に、個々の行為の特定の側面に着目して公費（宮廷費）を支出するのも可能だとする「公的性格ないし色彩を有する行為」という新たな概念を作り出した。その具体的な事例としてよく引用されるのが、天皇の大喪儀《たいそうぎ》「葬場殿の儀」や「大嘗祭《だいじょうさい》」に代表される平成と令和の代替わり時に行われた皇室行事だ。今回の代替わりの際に伊勢神宮や神武天皇陵などへ即位礼や大嘗祭の終了を報告する「親謁《しんえつ》の儀」に出席するための地方訪問もこれに該当する。

これらの皇室行事は天皇が私人としての立場で行う行為に位置づけられているが、たとえば、大嘗祭については、憲法が定める皇位の世襲に伴う天皇の一世一度の重要な皇位継承儀式であることが「公的性格を有する行為」の根拠とされた。これに対し、政府はこの解釈に基づき、その挙行を可能にするための公費支出は当然だとしているが、国費支出を巡る訴訟は今回の代替わりでも相次いで起こされている。この点の是非については本書第7章で触れるので、ここでは省略して先に進む。

「日本一の旅人」

天皇の外出を「行幸《ぎょうこう》」、皇后や皇太子・同妃の外出を「行啓《ぎょうけい》」と呼び、一般皇族の外出を「お成《な》り」という。天皇、皇后が一緒なら「行幸啓《ぎょうこうけい》」。帰途は還幸《かんこう》、還啓《かんけい》、還幸啓《かんこうけい》であり、皇族は「帰還」。全国各地にある行幸を記念した「行幸通《みゆき》り」や「御幸通り」はその名残だ。ちなみに、上皇ご夫妻のお出ましの際の呼び方は天皇、皇后と同じで、秋篠宮さまの外出の呼び方は皇嗣になっても「お成り」と変わらない。

歴代天皇の中でも、上皇ご夫妻ほど、海外はもとより、全国をくまなく歩いた天皇、皇后はいない。上皇さまは一六年八月のビデオメッセージで「日本の各地、とりわけ遠隔の地や島々への旅も、私は天皇の象徴的行為として、大切なものと感じて来ました」と言及している。上皇さまを「日本一の旅人」と評する研究者もいる。一七年十一月の鹿児島県訪問で、即位後の都道府県二巡を果たしたが、即位後の三十年間の移動距離として六二万キロメートルとする調査データもある（竹内正浩『旅する天皇』小学館）。日程は多い時で三泊以上の時もあったが、二泊三日が通例で、こうした地方行幸啓の機会をとらえて開催県内（及び隣県）にある障害者や高齢者のための医療・福祉施設などを訪ね、弱い立場にある人とそれを支援する地域の人々らとの交流も大切にしてきた。

天皇、皇后両陛下は皇太子同妃時代の二〇〇三年に雅子さまの療養が始まると、ご夫妻での活動が激減したが、陛下が即位する数年前から雅子さまの活動の幅は広がっている。陛下は皇太子として最後の誕生日会見（一九年二月）で「両陛下（上皇ご夫妻）がこの三十年あまり、真摯《しんし》にお務めに取り組んできたお姿を、私も雅子も間近に拝見してきました。そのお姿を心に刻み、務めに取り組んでいきたい」と語っている。

公務の継承と分担

ところで、代替わりに伴い、皇室の公務分担はどのように変わったのだろうか。まずは主な公務分担の全体像からみてみよう。

上皇さまは、退位後に象徴天皇という立場で行ってきた全ての公務から退いた。上皇ご夫妻が担っていた公務は天皇、皇后両陛下に、両陛下が皇太子同妃時代に行っていた公務は皇嗣《こうし》、皇嗣妃となった秋篠宮ご夫妻に、それぞれ基本的に引き継がれた。

上皇ご夫妻が毎年出席していた地方訪問や都内の行事は、全国植樹祭や国民体育大会（国体）、全国豊かな海づくり大会のいわゆる「三大行幸啓」など十三件だった。このうち十二件は両陛下が受け継ぎ、昭和天皇の在位六十年を記念して設けられた「国際生物学賞授賞式」だけは上皇さまの意向を受けて、鳥類研究者でもある秋篠宮ご夫妻が引き継ぐことになった。

両陛下が上皇ご夫妻から引き継いだ都内の行事は、毎年、八月十五日に東京・北の丸公園の

天皇陛下、皇太子さま、秋篠宮さまの主な公務（平成時代）

天皇陛下

〈国事行為〉
・首相、最高裁長官の任命
・法律、条約などの公布
・国会召集
・衆議院解散、総選挙公示
・栄典の授与
・恩赦の認証
・外国大使の接受など

〈公的行為〉
・国体開会式出席や被災地見舞いなど地方訪問
・海外訪問
・認証官任命式
・海外賓客との面会
・駐日各国大使、海外へ赴任する大使との面会
・各界功労者との面会
・勲章受章者らとの面会
・全国戦没者追悼式
・国会開会式
・公的団体の式典出席

皇太子さま

・全国高校総体、全国障害者スポーツ大会などへの出席
・ボーイスカウト代表と面会
・沖縄豆記者と面会
・帰国した青年海外協力隊員と面会
・駐日各国大使、海外へ赴任する大使との面会
・海外賓客との面会
・海外訪問
・天皇陛下の海外訪問時などに国事行為の臨時代行
・日本赤十字社名誉副総裁

秋篠宮さま

・山階鳥類研究所など13団体の総裁、名誉総裁職。総会や関連行事に出席
・全国都市緑化祭、海フェスタ、日本水大賞などに出席
・駐日各国大使、海外へ赴任する大使との面会
・海外賓客との面会
・海外訪問

※国事行為は憲法の規定による。公的行為は通例化しているものを記載
※この他、皇太子さまと秋篠宮さまが交互に児童施設と高齢者施設を訪問

日本武道館で行われる全国戦没者追悼式や日本学士院、日本芸術院の各授賞式、国会開会式などのほか、「こどもの日」や「敬老の日」、障害者週間（十二月上旬）前後にちなんで行われる施設訪問だ。地方訪問は、上皇ご夫妻から引き継いだ「三大行幸啓」に加え、令和になって天皇、皇后両陛下が皇太子同妃時代から行っていた「国民文化祭」を加えて「四大行幸啓」と呼んでいる。

「国民文化祭」は陛下が皇太子時代に担ってきた、いわゆる「七大行啓」の一つ。文化の祭典として一九八六年、作家の三浦朱門文化庁長官（当時）の提唱で始まり、浩宮時代の陛下が第一回に出席し、以来、各都道府県持ち回りで毎年秋に開催されてきた。

ちなみに、「四大行幸啓」の残りの三つのうち、最も歴史が古いのが国体だ。国体は、終戦直後の一九四六（昭和二十一）年、国民の体力向上を目指して創設された。四八年、天皇杯、皇后杯が贈られ、四九年の第四回（東京）大会から、昭和天皇、皇后が開会式に出席し、数種目の競技を観戦することになった。

全国植樹祭は戦争で荒廃した山野を緑豊かな国土にすることを願い、五〇年に始まった国土緑化運動の中核的な行事で、昭和天皇から上皇さまへと引き継がれた。式典で天皇は苗木を三本植え、タネをまく「お手播《ま》き」もある。全国豊かな海づくり大会は八一年、上皇さまの皇太子時代に始まり、上皇さまの即位後に全国植樹祭、国民体育大会と並んで「三大行幸啓」となった。開催県にゆかりの深い魚や貝を放流する行事が行われる。海のない滋賀県などでも開催された。

皇后独自の公務には、全国赤十字大会やナイチンゲール記章授与式（隔年）などがあり、二〇一九年五月一日付で日赤の名誉総裁に就任した雅子さまが大会に出席する。

秋篠宮家の過密公務

両陛下が皇太子同妃時代に担ってきた地方訪問や都内の行事十件はどう継承されるのか。国民文化祭や全国「みどりの愛護」のつどい、献血運動推進全国大会、全国高等学校総合体育大会（インターハイ）、全国障害者スポーツ大会、全国農業担い手サミット、全国育樹祭など、いわゆる「七大行啓」のうち、全国「みどりの愛護」のつどいや全国高校総体、全国障害者スポーツ大会、全国育樹祭など四件は、秋篠宮ご夫妻が出席する。献血運動推進全国大会は、紀子さまが単独で担当し、全国農業担い手サミットは寛仁《ともひと》親王妃信子さまに引き継がれた。

一方で、秋篠宮ご夫妻には以前から継続している地方公務や都内の行事が三十四件（地方訪問十五で、都内行事十九）にのぼる。また、秋篠宮さまが名誉総裁などを務める団体の行事などについても毎年、出席されており、多忙を極める。秋篠宮さまは、こうした自身の公務を「譲る先はありません」と述べたこともある。

このため、三十四件のうち、全国高校総合文化祭や地球環境大賞授賞式など十九件（地方六、都内十三）は代替わり後も出席。残る十五件のうち、①全国都市緑化祭②国民体育大会総合閉会式③森と花の祭典「みどりの感謝祭」は、秋篠宮家の長女眞子《まこ》さまが引き継ぎ、十二件は「都合がつく場合に限って出席する」と整理した。このほか、ご夫妻で出席していた公務の一部をどちらか一方の出席とするなど、秋篠宮さまの負担を減らそうとする苦心の跡も見られた。しかし、依然として秋篠宮さまの過密公務の現状に変わりはなく、宮殿での公務の分担も含めて今後とも見直しが課題だ。

四大行幸啓、第一弾は愛知植樹祭

陛下の即位からちょうど一カ月となった一九年六月一日、両陛下は一泊二日の日程で、全国植樹祭出席のため愛知県を訪問した。即位後、両陛下が天皇、皇后として臨む「四大行幸啓」の第一弾で、二日、尾張旭《おわりあさひ》市で開かれた植樹祭の式典で、陛下は「健全な森を次世代のために造っていくことは、私たちに課せられた大切な使命であると考えます」と「おことば」を述べた。

式典でのお言葉は上皇さまの負担軽減のため〇九年から取りやめていたが、代替わりを機に十一年ぶりに復活した。また、地方訪問時の感想も、訪問初日夜の侍従会見で読み上げられた。

上皇ご夫妻は〇三年に四十七都道府県を一巡したのを機に、取りやめていたが、両陛下は皇太子同妃時代から地方訪問のたびに感想を出しており、このスタイルは即位後も継続された。

訪問初日の六月一日、名古屋高速道路の出口からあま市の「あま市七宝焼アートビレッジ」に向かう約二キロの沿道には、出迎える人たちの列が切れ目なく、両陛下は車のスピードを一〇キロ台に落として後部座席から手を振り続けた。愛知県によると、二日間の奉迎者総数は約七万五千人で、側近によると沿道で待つ人々の体調を案じ、「水分をとって日陰に入り、体調を崩さないように」と県警を通じてメッセージも送られた。

「通算してここ（宮内庁）に七年間いるけど、奉迎者が全く切れ目なく並んでいる光景をみるのは初めてだね」

この間の両陛下の地方訪問に随行してきたという同庁関係者も驚きの声を隠さなかった。

一日夜、滞在先のホテルで開かれた植樹祭関係者レセプションにも両陛下はそろって出席した。上皇ご夫妻出席の時は、会場中央の金屏風《きんびょうぶ》の前に立ち、順番に植樹祭関係者一人一人からあいさつを受けられるスタイルだった。両陛下は自ら会場中央のテーブル席の出席者に歩み寄り、立ったまま関係者と懇談しながら、少しずつ出口側に移動して会場を退出される形をとった。時間にして約三十分。皇太子同妃時代からのレセプションの懇談スタイルで、即位後も両陛下が話し合って雅子さまの負担のかからない懇談形式として選択したとみられる。側近の侍従も「今回は重要な行幸啓であるという観点から、ご自身で努力と工夫を積み重ねられ、全ての行事に出席された。非常にお喜びと達成感がおありだったと思う」と笑みを浮かべた。

兄弟で公務を担う手探りの新時代

その後、九月に入り、両陛下は秋田県で開催の第三十九回全国豊かな海づくり大会（九月七日～八日）、新潟県で開催の第三十四回国民文化祭（同十六日～十七日）、茨城県で開催の第七十四回国民体育大会（同二十八日～二十九日）に出席した。陛下が国内外に即位を宣言する「即位礼正殿の儀」などの一連の即位関連儀式が十月中に集中することから、例年より早い九月に前倒しして実施する異例の「行幸啓」ラッシュとなった。雅子さまの体調管理も考慮して日程は愛知県での植樹祭同様、いずれも一泊二日で調整された。

一方、代替わり後に皇太子待遇の皇嗣となった秋篠宮さまとご一家の活動も本格化した。五月十七日～十八日に鳥取県で行われた全国「みどりの愛護」のつどいにご夫妻で出席したのを皮切りに、代替わり後の約半年間での地方訪問はご夫妻で十回、外国もポーランドとフィンランドの二カ国を公式訪問した。

七月二十七日には午前中、鹿児島市で全国高校総体の総合開会式、午後には佐賀市で全国高校総合文化祭の総合開会式と、二つの行事をかけ持ちでこなしたこともあった。異例の強行軍になったのは、代替わりで陛下から引き継いだ高校総体が新たに加わったためだ。

ご夫妻がそれぞれ単独で地方を訪問する機会も増えた。秋篠宮さまが単独で出席されたのは、半年間で日本植物園協会第五十四回大会など十二回、紀子さまも七月十日～十一日、両陛下から引き継いだ献血運動推進全国大会のため石川県を訪問した。長女眞子さまは七月、ペルーとボリビアを、次女の佳子さまは九月、初の外国公式訪問としてオーストリアとハンガリーをそれぞれ訪問した。八月には私的旅行だが、秋篠宮ご夫妻と長男悠仁《ひさひと》さまがブータンを訪問された。

代替わりによる公務分担の変更

代替わり前		代替わり後
天皇、皇后両陛下	国体	天皇、皇后両陛下
天皇、皇后両陛下	全国植樹祭	天皇、皇后両陛下
天皇、皇后両陛下	全国豊かな海づくり大会	天皇、皇后両陛下
天皇、皇后両陛下	全国戦没者追悼式	天皇、皇后両陛下
天皇、皇后両陛下	日本学士院賞授賞式	天皇、皇后両陛下
天皇、皇后両陛下	日本国際賞授賞式	天皇、皇后両陛下
天皇、皇后両陛下	日本芸術院賞授賞式	天皇、皇后両陛下
皇太子ご夫妻	国民文化祭	天皇、皇后両陛下
皇太子ご夫妻	文化庁芸術祭オープニング	秋篠宮ご夫妻
皇太子ご夫妻	全国育樹祭	秋篠宮ご夫妻
皇太子ご夫妻	全国みどりの愛護のつどい	秋篠宮ご夫妻
皇太子ご夫妻	全国障害者スポーツ大会	秋篠宮ご夫妻
皇太子ご夫妻	全国高校総体	秋篠宮ご夫妻
皇太子ご夫妻	献血運動推進全国大会※	秋篠宮ご夫妻
秋篠宮ご夫妻	全国高校総合文化祭	秋篠宮ご夫妻
秋篠宮ご夫妻	海フェスタ	秋篠宮ご夫妻
秋篠宮ご夫妻	地球環境大賞授賞式	秋篠宮ご夫妻

※代替わり後は紀子さま単独で出席（東京新聞2019年5月1日の紙面を元に作成）

代替わり後は、兄と弟で「天皇と皇位継承順位一位の皇嗣」が公務を担う構成となった。「父が天皇、長男が皇太子」という直系（親子間）継承が続いてきた明治以降の天皇制では初めてだが、次の天皇であることが確定している皇太子に対し、秋篠宮さまは皇太子待遇の皇嗣であるものの、次の天皇になることが確定していない立場だ。

関係者によると、秋篠宮さまは陛下が皇太子時代に行ってきた公務に加え、宮家当主としてこれまで自ら担ってきた活動も大切に続けていきたいと考えている。また、「兄の陛下と年齢が近く、ほぼ同年代の秋篠宮さまは、陛下とそろって年齢を重ねられてゆく。将来、活動ができなくなれば、そのまま皇位を継承されるかも微妙となってくる」との見方もある。

陛下は即位後初の誕生日会見で「秋篠宮とは、折に触れ、いろいろな話をいたします」と言及。秋篠宮さまも即位前に「(今後も兄弟での話し合いを)していく必要があろうかと考えています」(一八年十一月の誕生日会見)と述べている。陛下と秋篠宮さまが描く皇室の未来像は、まだ手探りのままといえる。

注目度が増す国際親善

両陛下は即位後の一九年五月下旬、令和最初の国賓として来日したトランプ米大統領夫妻を迎え、歓迎行事や会見、宮中晩餐会《ばんさんかい》に臨んだ。六月下旬にはマクロン仏大統領夫妻を公式実務賓客として接遇し、八月末には、第七回アフリカ開発会議(TICAD)のため来日中のアフリカ三十二カ国とアフリカ連合の首脳らを皇居・宮殿に招き、茶会を催した。十一月二十五日には、被爆地長崎・広島訪問のため来日中のローマ教皇フラシスコを迎え、皇居・宮殿「竹の間」で会見した。

天皇の仕事の中で地方訪問と並ぶ活動の大きな柱の一つは、外国への公式訪問や来日する外国賓客の接遇などの国際親善だ。憲法に基づく国事行為ではない天皇の外国訪問や国賓接遇は「公的行為」とされる。目的は「国際親善」と宮内庁は説明する。

ちょうど、この原稿を執筆中の二〇年一月十四日、「両陛下、英国訪問へ」のビッグニュースが飛び込んできた。当初の訪英予定日は同年五月上旬で、新型コロナウイルスの感染拡大を踏まえて延期となったが、一報に接した際は、瞬時のうちに期待が膨らんだ。英国は陛下が一九八三年から二年四カ月、オックスフォード大学で学び、寮生活を送った思い出の地だ。大学と外交官時代、米国と英国で約六年間過ごした雅子さまも、外交官だった父の転勤で、モスクワ、ニューヨーク、ボストンで暮らすなどたぐいまれな国際感覚の持ち主だ。陛下は即位前の一九年二月の誕生日会見で、雅子さまに期待される活動や分野について「国際的な取り組みなど本人だからできるような取り組みというのが、今後出てくると思います」と述べている。延期後も両陛下の最初の外国訪問先について、政府は英国で調整する方向に変わりはないとしており、皇室と英王室との長年の交流を考え合わせれば、両陛下の即位後最初の訪問先としてこれほどふさわしい地はないようにも思える。

二十二年前の一九九八年初夏、町並みが緑豊かに色づく英国、デンマークを歴訪された上皇ご夫妻に同行取材したことがある。上皇ご夫妻の訪英時、第二次大戦中、日本軍の捕虜となった英国元兵士らが執拗《しつよう》な抗議行動を続けていた。そのクライマックスはバッキンガム宮殿までのパレード。「日本軍の捕虜」と書かれたタスキを掛け、両陛下を乗せた馬車行列に背を向け、『クワイ河マーチ』の口笛と日の丸を燃やす元捕虜の姿も見られた。

その夜の歓迎晩餐会で上皇さまは「戦争により人々の受けた傷を思う時、深い心の痛みを覚えます」と述べた。ウェストミンスター寺院で公式日程にはなかった元戦争捕虜の孫の世代の若者にも対面した。戦争の傷跡を抱える人々に真摯に向き合う姿に、英国のメディアも好意的に反応した。有力紙タイムズは社説で、捕虜らの過激な行動を「不適切な行動」と戒めた。

戦後の六十年、七十年と節目の年に続いた「慰霊の旅」と先の大戦の傷跡を抱える人々と向き合う「和解の旅」。上皇ご夫妻の外国訪問の特徴の一つだ。

問われる政治との距離

一方で、天皇の外国訪問がもたらす効果は「外交官百人相当」(元外務省幹部)といわれる。国際親善には政府から「政治利用」される危険性を常にはらみ、政治との距離が問われ続ける。太平洋戦争の被害を受けた国には、天皇の「おことば」が和解につながったことも否定できない。本来政治が解決すべき問題を、政府や国民が天皇に期待する風潮は決して望ましい姿とはいえない。

平成の時代にも天皇の政治利用が指摘される場面は少なくなかった。天安門事件後中国が国際的に孤立するなか、宮沢喜一内閣が一九九二年に実現させた天皇訪中や二〇〇九年、当時の民主党政権が「一カ月ルール」を無視して実施した天皇と習近平中国国家副主席（当時）との「特例会見」、沖縄を中心に反対の動きがある中、一三年に行われた政府主催の「主権回復・国際社会復帰を記念する式典」への天皇、皇后両陛下の出席などを巡り、天皇の政治利用ではないか、との批判はくすぶり続けた。

令和に入って両陛下が最初に国賓として迎えたのは、同盟国米国のトランプ大統領夫妻だ。国賓は政府が招待する五つのランクの接遇基準の最上位の待遇だが、国の大小や相手国の重要度に関係なく、どこの国でも公平に心を込めてもてなすことが皇室による国際親善のスタイルだ。トランプ米大統領だから特別ということはもちろんない。両陛下は最初の国賓行事を成功させるため、相当前から入念な準備を進めたにちがいない。

「最初から大国で、少々重たい面もあった」

宮内庁の幹部は苦笑気味に指摘するが、今後も中国の習近平国家主席（当初同年四月予定の訪問は延期）ら大国の元首の来日が続く。国賓選定は内閣の専権事項で、むろん天皇や宮内庁が関与する立場にはない。しかし、政府が行う外交は政治と密接な関係にある。天皇は政治から超越した地位にあり、時の政権のご都合主義に巻き込まれることはあってはならない。

皇后、初の単独公務も

地方訪問や国賓の接遇に先立ち、皇后雅子さまは一九年五月二十二日、東京都内で開かれた全国赤十字大会に出席し、代替わりで上皇后美智子さまから引き継いだ日赤名誉総裁としての初の単独公務に臨んだ。式典では医療やボランティア活動などで功績のあった個人・団体の代表計十三人を表彰した。事前に日赤幹部からの進講を受けるなど、入念な準備をした上で、本番に臨んだ。「おことば」はなかったが、笑顔で受賞者の目をしっかりと見つめて祝意を示す姿は堂々としていた。

日赤は、定款で皇后が名誉総裁に就くと規定されている。病気療養中の雅子さまは一八年五月、名誉副総裁として十五年ぶりに出席し、その際、皇后として最後の出席だった美智子さまが雅子さまの手を取り、会場に向かって紹介される場面もあった。

また、明治以降、歴代の皇后に受け継がれてきた伝統行事の養蚕についても、代替わり前の一八年五月、雅子さまは美智子さまから皇居・紅葉山の養蚕所で直々に指導を受け、今後、継承される考えという。

「こどもの日」「敬老の日」の施設訪問

一九年六月二十一日、東京都港区の区立麻布保育園で、園児らがつくった紙製の買い物バッグを手にしながら、笑顔で車に乗り込む両陛下の姿があった。「こどもの日」にちなんだ施設訪問で、両陛下は二歳児クラスの紙人形劇や合唱を視察した後、三〜五歳クラスの「買い物ごっこ」に参加した。園児らが描いた野菜や果物が並んだ台を前に、買い物バッグを手にした両陛下は「おすすめはなんですか」などと笑顔で質問した。「シイタケやマツタケがおすすめですよ」「ドラゴンフルーツはいかがですか」という園児らの求めに応じ、同じく園児らがつくった紙製のコインと交換し、マツタケ、ドラゴンフルーツなどを次々に買い求め、買い物バッグはいっぱいとなった。雅子さまは長女の愛子さまが子供好きであることを園側に説明し、お土産として持ち帰ることを希望し、野菜や果物を「愛子にみせようかな」と話したといい、両陛下とも上機嫌で保育園の玄関を後にした。

「敬老の日」にちなんだ施設訪問は同年九月下旬、目黒区内の区立高齢者センターとシルバー人材センターを訪問した。「こどもの日」にちなんだ施設訪問は、五月に皇位継承儀式や国賓として来日するトランプ米大統領を接遇する宮中行事などが集中していたことから、六月に持ち越したが、「敬老の日」の施設訪問日は、「敬老の日」のあった九月中に実施された。

「こどもの日」と「敬老の日」にちなむ施設訪問は、上皇ご夫妻が在位中に始めた恒例行事で、共に大切されてきた行事だ。高齢者などに真心込めて接するお姿にはいつも、心が洗われるような感動を覚えた。両陛下は皇太子同妃時代の一五年以降、上皇ご夫妻から「こどもの日」と「敬老の日」にちなんだ施設訪問を引き継いでいた。今回の代替わりに伴う公務分担の結果、これらの施設訪問を両陛下が担うことになった。障害者週間（毎年十二月三日〜九日）にちなんだ施設訪問も両陛下が引き継ぎ、年が明けた二〇年一月二十二日、埼玉県所沢市の国立障害者リハビリテーションセンターなど二カ所を視察した。

静養先の御用邸とは

一九年八月一日〜五日、天皇ご一家は静岡県下田市の須崎御用邸に滞在した後、八月十九日から十日間、栃木県那須町の那須御用邸附属邸で過ごした。須崎に滞在中は天気にも恵まれ、海洋生物に関心がある長女愛子さまは、近くの海岸でシュノーケルをして、ソラスズメダイやオヤビッチャ、チョウチョウウオなどを観察した。両陛下も、望遠鏡や双眼鏡も使って、ペルセウス座流星群などの天体観測も楽しんだ。那須ではご一家で附属邸の敷地内を愛犬の由莉《ゆり》を連れて散策した。側近の話では愛子さまも高校生活最後の夏休みを満喫した様子だったという。

一方、上皇ご夫妻は七月二十四日から二十九日、那須御用邸で過ごし、八月二十二日から三十日、軽井沢町と草津町に滞在し、恒例の草津音楽祭に出席した。天皇ご一家も上皇ご夫妻も、夏の静養は今後もこのスタイルが定着していくとみられる。葉山は春の利用が多く、二〇年春は上皇ご夫妻の引っ越しに伴い、ご夫妻は三月十九日から三十一日まで葉山御用邸と御料牧場（栃木県高根沢町）に滞在した。

御用邸は、皇室が避暑や避寒などのために使われてきた別荘。明治以降、当初は日光田母沢《たもざわ》、沼津、熱海、伊香保、箱根、小田原、横浜、神戸など、海岸や山間の景観や温泉に恵まれた地などに設けられたが、現在の御用邸は、葉山、那須、須崎の三カ所だけだ。

栃木県那須町にある那須御用邸は一九二六（大正十五）年竣工で、外国要人を迎える迎賓館として使われたこともあった。広大な大自然の中にあり、昭和天皇が毎年夏滞在し、上皇ご夫妻や現在の天皇ご一家も避暑に訪れている。二〇一一年の東日本大震災の際には、御用邸内の職員用温泉施設を被災者に開放した。宮内庁から環境省に移管された敷地の北側は現在、「那須平成の森」として一般公開されている。

葉山御用邸は神奈川県三浦郡葉山町にあり、日清戦争があった一八九四（明治二十七）年、英照皇太后の避寒地として設けられた最古の御用邸だ。大正天皇はこの附属邸で逝去し、昭和天皇が即位（践祚《せんそ》）した。附属邸は現在、「葉山しおさい公園」になっている。本邸は一九七一年に放火で焼失、十年後に再建された本邸の和室には昭和天皇の「践祚の間」が移築されている。

静岡県下田市須崎にある須崎御用邸は、沼津御用邸の廃止に伴い、旧財閥の三井家の別荘を宮内庁が買い取り、一九七一年に新設された。本邸のほか附属邸もある。生物学者としても著名だった昭和天皇が海洋生物研究に励んだ御用邸としても知られる。

台風被害の被災地訪問

災ひより立ち上がらむとする人に若きらの力希望もたらす

令和で初めてとなる二〇二〇年新春恒例の「歌会始《うたかいはじめ》の儀」で雅子さまが詠まれた御歌《みうた》だ。これまで訪れた自然災害の被災地での若いボランティアの活躍を頼もしく思う気持ちを表現した。一九年の年末には、陛下とともに台風19号などで被災した宮城県丸森町と福島県本宮市を訪問し、高校生ボランティアとも会話を交わしていた。

即位後初めての被災地訪問は、羽田空港から特別機で仙台空港に直行、陸上自衛隊ヘリに乗り換え、丸森町に入った。時折雨が降る中、阿武隈川《あぶくまがわ》支流が氾濫《はんらん》した五福谷《ごふくや》地区を訪れ、家が土砂に飲み込まれた被災者らと約三十分間懇談した。その後、両陛下は再びヘリで本宮市に移動し、雨の中、堤防が決壊した安達太良川《あだたらがわ》で傘を差して見て回り、左岸と右岸に向かって黙礼した。続いて避難所だった市の保健福祉施設で被災者代表らと懇談。職員ら二人が亡くなった谷病院の谷良久院長に雅子さまは「心を痛めているでしょう」などと気遣い、ボランティアを務めた女子高校生に「ご家族は無事でしたか」などと声を掛けた。

総務省などによると、台風19号などの一連の大雨による死者は十二月二十六日現在、十三都県で百人近くに達し、丸森町で十人、本宮市で七人が死亡した。両陛下は台風被害の発生直後から報道を注視し、避難を迫られた住民の生活を気遣い、宮内庁を通じてお見舞いの気持ちを発表していた。早期の訪問を希望していたが、十二月上旬まで即位関連儀式が続き、「空いている日はこの日しかない」（宮内庁幹部）というなか、側近は宮城、福島両県と日程調整し、不退転の決意で準備を進めていた。

天皇皇后両陛下は初の被災地訪問で宮城県丸森町の仮設住宅を訪問し、同年10月に発生した台風19号の被災者を見舞われた（2019年12月26日）

お見舞い対象の拡大で懸念される負担増

両陛下は平成の時代から阪神・淡路大震災や東日本大震災などの被災地を訪ね、被災地に思いを寄せてきた。東日本大震災では、両陛下は東北三県を訪れ、一七年までに三巡した。陛下は水問題の専門家としての視点から防災、減災の重要性を熟知している。

「水災害や干ばつ、地域の不安定化などによって最も大きく影響を受けるのは女性や子供、お年寄りやハンディキャップのある人たちなど、いわゆる社会的に弱い立場にある人々です」

一八年三月のブラジルで開かれた第八回世界水フォーラムで、陛下はこう述べ、災害がもたらす気候変動の問題に国際社会が一致結束して対策を取り組む重要性を訴えた。

自然災害が多発した平成の時代、上皇ご夫妻は各地の被災地を訪問し、被災者に心を寄り添われてきた。こうした「国民と苦楽を共にする」という姿勢は、令和の時代にも引き継がれたといえる。

だが、懸念がなくはない。台風災害で天皇、皇后が見舞いに行くようになるのは一三年十月に台風26号による土砂災害で死者・行方不明者三十九人を出した東京都伊豆大島（大島町）の豪雨災害からだ。それ以前には水害のお見舞いはなく、火山噴火や巨大地震などの災害が中心だった。しかし、近年は、一五年九月の茨城県常総市の関東・東北豪雨災害や一九年七月の九州北部豪雨災害などの水害が多発している。お見舞いの対象が台風災害まで広がったことで、被災地訪問の対象も拡大し、両陛下の負担増も懸念される。今回のような広域災害の場合、一カ所慰問に行けば、公平性の原則から歯止めがきかなくなる恐れもある。被災地訪問の範囲と見舞いに行く場合における一定の基準も必要だ。

前倒しされた一般参賀

陛下が即位後に皇居で国民からお祝いを受ける「一般参賀《さんが》」はこの一年間で、即位直後の一九年五月四日と、新年の二〇二〇年一月二日の二回行われたが、即位後初の天皇誕生日である同年二月二十三日の一般参賀は新型コロナウイルスの感染拡大で中止された。一般参賀の中止は、一九九六年のペルー日本大使公邸人質事件以来だった。

一般参賀は、皇居・宮殿の長和殿ベランダに両陛下や成年の皇族方が並び、国民からの祝意に応える皇室行事。戦後の一九四八年から始まり、六三年までは、宮殿の焼け跡、宮内庁庁舎のバルコニー、焼け跡に仮設したお立ち台などで行われた。六四年〜六八年までは、新宮殿建設のため「記帳参賀」となり、六九年に現在の形式となった。貞明皇后や昭和天皇の逝去などで中止した年もあったが、新年の一月二日と天皇誕生日に一日当たり数回実施され、陛下が挨拶の言葉を述べるのが恒例になっている。

新年参賀では、五四年に皇居・二重橋で参列者が将棋倒しになり、十六人が死亡する大参事があった。六九年には長和殿のベランダに向けて手製のゴム銃でパチンコ玉を投射する事件が起こったため、防弾仕様のガラスが取り付けられた。平成最後となった二〇一九年の新年の参賀は、平成に入って最多の十五万四千八百人が訪れた。

通常、一般参賀は新年と天皇誕生日の年二回が基本だ。平成の代替わりの時は、昭和天皇の喪中のため一九九〇年の新年の参賀はなく、上皇さまが天皇即位を内外に宣言する「即位礼正殿の儀」の六日後の九〇年十一月十八日行われたが、今回は即位後間もない二〇一九年五月四日に前倒しして実施した。「政府関係者などから、即位後なるべく早く実施した方が多くの国民が喜ぶのではないか」との要望も踏まえ宮内庁が判断した。

新年一般参賀に上皇夫妻も出席

二〇年の新年一般参賀には、上皇ご夫妻も出席した。ベランダ中央に両陛下が立ち、陛下の右側に上皇さま、上皇后美智子さま、左側に秋篠宮さま、同妃紀子さまが並んだ。ご夫妻は五回の参賀のうち午前中の三回立った。陛下が「おことば」を述べた後、両陛下に続いて上皇さまも国民に向かって手を振り、上皇后さまも途中から遠慮がちに手を振った。

上皇ご夫妻が両陛下とそろって公の場に姿を見せるのは退位後初めてだった。天皇と上皇が同じ公の場に並び立つことについて、権威の二重性につながるのではないか、という懸念もあるが、実際に拝見してみて違和感はなかった。

この日の参賀を見て感じたのは、むしろ、ベランダに立つ皇族数の減少だ。一回目は九十六歳の最高齢の三笠宮妃百合子さまも含めて十五人だったが、午後からは両陛下と秋篠宮ご夫妻と長女眞子さま、次女佳子さまの六人だった。今後、成年に達すれば、天皇ご一家の長女愛子さまや秋篠宮家の長男悠仁《ひさひと》さまも一般参賀に加わるが、今の制度のままだと、女性皇族は結婚すれば皇籍を離脱するなど皇族数の減少は避けられない。

そうしたなか、上皇ご夫妻が元気な姿をお見せすることは、結構なことだと思える。一般参賀について、宮内庁は基本的に新年の参賀には体調に問題がない限り、上皇ご夫妻に年一度出席を願う方針だ。今後も退位に伴う代替わりが続くことを考え合わせれば、新年の一般参賀への上皇ご夫妻の出席は一つの先例になるとみられる。

春、秋の園遊会

令和の代替わりで両陛下の負担軽減の観点などから中止した春と秋の園遊会は、当面開催の見通しは立っていないが、新型コロナウイルスの収束状況を見極めつつ再開のタイミングを検討することになる。

平成の代替わり時には、上皇さまの「即位礼正殿の儀」などに参列した百数十カ国の外国元首や王族、各国首脳らの参列者をもてなす園遊会が、正殿の儀翌日の一九九〇年十一月十三日に赤坂御用地で催された。晴天に恵まれたこともあって、白地に赤の小さな丸い玉をあしらい、日の丸をイメージしたスーツ姿の故ダイアナ妃を含む各国の王族は民族衣装やドレス姿で参加する姿が目立った。

園遊会は天皇、皇后が主催する行事で、天皇の公務のあり方としては公的行為に分類される。毎年春秋二回、東京・元赤坂の「赤坂御苑」と呼ばれる赤坂御用地内の庭園で開かれる。明治時代に観菊会、観桜会として始まったのが走りで、戦前・戦後の一時期中断したが、日本が米占領期から独立した後の一九五三年から復活した。英国のガーデン・パーティーを手本とし、開宴中は雅楽や吹奏楽の演奏や模擬店などで接客する。招待客は三権の長をはじめ各界各層の代表、功労者とその配偶者を含めて毎回二千人前後にのぼり、両陛下が各皇族方とともに苑内を回り、招待者の労をねぎらう。代替わり後の上皇ご夫妻は出席されない。

招待者の人選は、宮内庁が内閣官房経由で各省庁に依頼。各省庁の推薦通りで決定するが、マスコミに登場する〝報道用〟の招待者は、宮内記者会が事前に選んだ五、六人ぐらいの人たちに依頼する。ノーベル賞や五輪、パラリンピックの金メダリストなど、その年に活躍した人のほか、最近は被災地関係者も選ばれる例が多い。

園遊会は、天皇、皇后両陛下と皇族が通称、三笠山と呼ばれる小高くなった遷錦閣《せんきんかく》跡に張られたテントの下で、首相ら三権の長の挨拶を受けることから始まる。両陛下を先頭に、瓢箪《ひょうたん》池を囲んで並ぶ人垣の前に向かい、あらかじめ設定された〝報道用〟の招待者の前で、歩みを止めた陛下が順次声をかけ始めると、カメラマンが陣取る敷地からいっせいにフラッシュが光る。恒例のシーンだが、天皇と招待者が交わす会話が時として格好の話題としてお茶の間をにぎわせることも少なくない。陛下の即位前の一八年秋の園遊会では、雅子さまが十五年ぶりに着物姿で全ての行程を歩いて参列者と懇談したことが話題となった。

一方で会話が思わぬ反響を呼ぶことや場違いのハプニングも。〇四年秋の園遊会では、東京都教育委員だった棋士の米長邦雄氏（故人）が「日本中の学校で国旗を掲げ国歌を斉唱させるのが私の仕事です」と胸を張ったところ、天皇時代の上皇さまが「強制になるということでないことが望ましいと思います」と答えた。一三年秋の園遊会では、山本太郎参院議員（当時）が東京電力福島第一原発事故について書いた手紙を天皇に手渡そうとした騒ぎも記憶に新しい。

園遊会は本来、陛下と国民とが直接触れあうことができる数少ない機会だ。それだけに、招待者が国会議員や各省庁の高官、功成り名を遂げた著名人だけでは寂しい。両陛下と会う機会の多い国会議員を減らし、もっと若い人と陛下との交流の場を望む声もある。そのことは、若い人たちとの交流や活躍の場の環境整備に理解を示す両陛下の意向にもかなうのではないか。人選の基準づくりや警備上の問題もあろうが、令和の時代に進展することを望みたい。

赤坂御所から皇居へ

上皇さまと美智子さまは、退位から約十一カ月以上が経過した二〇年三月三十一日、東京都港区高輪の高輪皇族邸に転居し、ここに一年半ほど仮住まいする予定だ。この間、旧吹上仙洞御所の改修が行われ、天皇ご一家がお住まいの赤坂御所（旧東宮御所、赤坂御用地）から、改修を終えた御所へ転居する。赤坂御所は、上皇ご夫妻用にバリアフリー化する改修工事が施された後、上皇ご夫妻が移り住む予定だ。

陛下は即位後、御所の改修が終わるまで、赤坂御所から皇居に通って公務を行っているが、天皇ご一家が御所へ転居するのは二〇年度中の予定だ。上皇ご夫妻が二度の引っ越しを経て最終的に転居するのは二一年以降になる予定で、転居後の赤坂御所は近代以前の上皇の邸宅名に倣い「仙洞《せんとう》御所」と呼ばれる。

退位後の上皇ご夫妻の活動については、芸術鑑賞やご研究、私的な旅行、旧知の人たちとの交流など、私的な活動が中心となる。ただ、公的な活動については「全く何もなさならいというわけではない。上皇陛下の意向を伺いながら、一つ一つ考えていく」と宮内庁幹部は語る。これまでの長い活動の中で交流のあった団体などからの「願い出」に基づく記念行事への出席や来日した外国王族関係者との面会などは今後も予想される。新年の一般参賀も二一年以降も体調の許す限り、出席する方向だ。

代替わり後、新天皇と前天皇が並び立つ「二重権威」を懸念する声が一部にあったが、具体的に問題になった話は聞かない。ひとつには退位された上皇さまが側近を通じて慎重に対処しているように思える。新天皇の即位直後の一般参賀には出席しなかったし、国事行為である新年祝賀の儀や歌会始などの宮中行事についても最初から出席しない意向を早々と官邸側に伝えていた。

そもそも近代以降前例のない上皇と上皇后の活動は、一つ一つの実例を積み重ねていく中で、一つのかたちが形作られていくにちがいない。今後、こうした上皇ご夫妻の活動の様子をどこまで公開するのか、なども課題だが、お元気なうちはなるべく多くの機会にお姿を見せていただきたいものである。そのことが高齢化社会の国民の励みにもなると思うからだ。

年間を通して行われる宮中祭祀

代替わりに伴い、皇居・宮中三殿を中心に毎年行われている宮中祭祀についても、陛下は上皇さまから全て引き継いだ。宮中祭祀は、天皇の仕事の三分類の中の「私的行為」と位置づけられている皇室行事で、年間三十数回に及ぶ天皇の重要なお務めだ。

宮中祭祀は、一九〇八（明治四十一）年に制定された皇室令の中の「皇室祭祀令」で定められた。皇室祭祀令は四七年の日本国憲法の施行に伴って廃止されたが、宮中祭祀は戦後も旧皇室祭祀令に準拠して行われてきた。

主な宮中祭祀の一覧は別表の通りだが、「大祭」と「小祭」に大別される。「大祭」は、天皇が「親《みずか》ら祭礼を行ふ」（「親祭」）とされ、天皇が祭儀を主催し、御告文《おつげぶみ》を読み上げ、拝礼する。

具体的には、毎年の元始祭（一月三日）、紀元節祭（二月十一日）、春季皇霊祭・春季神殿祭（春分の日）、秋季皇霊祭・秋季神殿祭（秋分の日）、神嘗祭《かんなめさい》（十月十七日）、新嘗祭《にいなめさい》（十一月二十三日夜〜二十四日未明）などで、このほか、昭和天皇祭（一月七日）や歴代天皇の逝去から一定期間が経過した区切りの年（三年、五年、十年、二十年、三十年……百年ごとの命日）に行う「式年祭」も大祭だ。

「小祭」は、天皇は礼拝するだけで、掌典長《しょうてんちょう》が祭儀を主催し、御告文を読み上げる。四方拝《しほうはい》、歳旦祭《さいたんさい》（以上一月一日）、祈年祭（二月十七日）、明治節祭（十一月三日）、賢所御神楽《かしこどころみかぐら》の儀（十二月中旬）などだ。

「大祭」と「小祭」のほかに「旬祭《しゅんさい》」と呼ばれる祭儀があり、毎月一日、十一日、二十一日に行われる。掌典長が祭儀を執り行い、原則として一月を除く月の一日には天皇の礼拝がある。

宮中祭祀に奉仕するのは掌典長以下「掌典職」と呼ばれる二十数人で、身分は国家公務員ではなく天皇陛下から直接雇われた内廷職員（掌典補を除く）だ。

主に宮中祭祀が行われるのは皇居内の吹上《ふきあげ》御苑の一角にある賢所《かしこどころ》、皇霊殿、神殿の宮中三殿で、宮内庁はこれを総称して賢所《けんしょ》といっている。松林に囲まれ高い築地塀がめぐらされている「聖域」の広さは八二〇〇平方メートルで、中央に賢所、東側に神殿、西側に皇霊殿がある。天皇の参拝の順序は賢所―皇霊殿―神殿の順。殿上に昇ることを「昇殿《しょうでん》」という。殿上に昇ることができるのはこれまで天皇、皇后、皇太子、同妃だけだったが、秋篠宮さまと皇嗣妃の紀子さまも、皇嗣になったことを宮中三殿に報告する儀式（二〇年四月十九日）から昇殿する予定。他の皇族は結婚の時の「賢所《かしこどころ》大前《おおまえ》の儀」で昇殿が許されるだけで、天皇の一世一度の「即位礼当日大前の儀」の時も三殿前の庭上からの参拝だった。退位後の上皇ご夫妻は三殿に参拝することはない。

古い歴史をもつ四方拝と新嘗祭

代替わり後、最初の新年の宮中祭祀も例年通り、「四方拝」で幕を開けた。ただ、いつもと違ったのは、上皇さまが心臓のバイパス手術を控えた二〇一二年から御所（現在の吹上仙洞御所）で行っていた四方拝は、場所を宮中三殿西方の神嘉殿前庭に移して行われた。

夜も明けぬ午前五時、宮内庁幹部らが三殿敷地内の幄舎《あくしゃ》に参集した。庭燎《ていりょう》（焚火）がたかれ、白砂を敷き詰めた庭上に、あらく織ったむしろのような薦《こも》を敷いた上に畳の御座《ぎょざ》を設け、周りを屏風《びょうぶ》二双で囲み、伊勢神宮の方角にあたる西南をわずかに明けておく。午前五時半。三殿の後方にある綾綺殿《りょうきでん》で、黄櫨染御袍《こうろぜんのごほう》の束帯姿に着替えた陛下は、侍従が手にした脂燭《ししょく》で足元を照らす中、着座する。まず、神宮を遙拝《ようはい》し、次に右回りに四方の神々、神武天皇陵や昭和天皇陵などを拝する。

四方拝は、平安時代の宇多天皇《うだ》（在位八八七〜八九七）から始まったとされる。旧皇室祭祀令に基づき、明治以降に新たに創作されたものが多い宮中祭祀の中で、四方拝は古くからある重要な祭祀だ。

「新嘗祭」は、天皇が新穀を天照大神《あまてらすおおみかみ》や神々に供えて共に食べ、五穀豊穣《ごこくほうじょう》を感謝、祈念する祭祀で、新天皇による最初の新嘗祭が「大嘗祭《だいじょうさい》」だ。

元側近によると、天皇時代の上皇さまは新嘗祭が近づくと、テレビを見ている時や職員との打ち合わせでも正座を続けるなど鍛錬を怠らなかったという。だが、高齢を考慮して、〇九年から深夜の儀式への出席時間を短くするなど負担を軽減してきた。また、正月一日の歳旦祭も掌典長の代拝となっていた。こうした宮中祭祀のスタイルも、令和の代替わりを機に平成当初の旧来の形に戻った。

第2部

儀式でたどる令和の代替わり

第4章　退位礼——前近代の先例と憲法との調和をめぐって

十二分の儀式で国民に最後の別れ

「象徴としての私を受け入れ、支えてくれた国民に、心から感謝します」

平成最後の二〇一九（平成三十一）年四月三十日の夕方。皇居・宮殿の正殿「松の間」で行われた「退位礼正殿の儀」で、上皇さまは天皇としての最後の「おことば」を述べた。

儀式は午後五時すぎに始まり、上皇さまは宮内庁の山本信一郎長官らの先導で松の間に入室した。上皇后美智子さまも続き、上皇ご夫妻はそろって特設された高さ四五センチの壇の上に立った。侍従が皇位の証《あかし》とされる「三種の神器《じんぎ》」のうち剣と爾《じ》（勾玉《まがたま》）、国印である国爾《こくじ》と天皇印の御璽《ぎょじ》を案《あん》と呼ばれる台（机）の上に置いた。

上皇さまの「おことば」に先立ち安倍晋三首相は国民の代表として「国民に寄り添い、被災者の身近で励まされ、国民に明日への勇気と希望を与えてくださいました」と感謝を述べた。式には即位直前の皇太子ご夫妻、秋篠宮ご夫妻ら皇族方をはじめ、衆参両院の正副議長、最高裁長官ら約三百人が参列した。

続いて河相周夫《ちかお》侍従長から「おことば」が記された紙を受け取ると、上皇さまは一呼吸おいてゆっくりと読み始めた。ふだんと変わらない声が松の間に響き渡った。

「今日《こんにち》をもち、天皇としての務めを終えることになりました」で始まり、最後に令和の時代の平和を願い、「わが国と世界の人々の安寧と幸せを祈ります」と結んだ。

上皇さまは、美智子さまに手を差しのべ、参列者に深く一礼し、剣と璽、国爾、御璽を捧《ささ》げ持った侍従らとともに退出した。

三十年にわたる象徴の座を降りる儀式はつつがなく終わった。松の間への入室から退室まで約十二分間。儀式を終え、宮内庁庁舎内の階段で記者に囲まれた山本長官は感慨深げな表情で「ただただ感謝の念で一杯。感激しました」と語った。

この日の「退位礼正殿の儀」で述べた上皇さまの最後の「おことば」には、自らが目指した象徴天皇像、いわゆる「国民と共にある」天皇像が、平成の時代に国民に受け入れられた感謝と喜びが満ちあふれていた。

上皇さまは一六年八月のビデオメッセージで「天皇としての務めを国民への深い信頼と敬愛をもって行い得たことは幸せなことでした」と言及している。「信頼と敬愛」とは、父昭和天皇が敗戦翌年（一九四六〈昭和二十一〉年）のいわゆる「人間宣言」で、国民と皇室をつなぐものとして「神話と伝説」を否定し、国民と天皇の相互理解が必要との考えを示す言葉として掲げた文言だったが、この日の最後の「おことば」の中でも「信頼と敬愛」という言葉を改めて使った。そして、「受け入れ、支えてくれた」との言葉に、父の遺志を受けて象徴天皇像を追い求めた上皇さまの感慨が表れていた。

新例「退位礼正殿の儀」決定の舞台裏

令和の「代替わり」の特徴の一つは、天皇の退位に伴い、「退位礼正殿の儀」という新例の儀式が誕生したことだ。

「退位礼正殿の儀」は内閣が責任を負う国事行為として行われ、これに関連する皇室行事も新たに創出された。国事行為は天皇が内閣の助言と承認に基づいて行うもので、憲法では国事行為の例として、法律の公布や国会召集、衆院解散などのほか、「儀式を行うこと」などが列挙されている。だが、憲法には退位に関する明文規定はない。「退位礼正殿の儀」とはどのような儀式なのか。

儀式の主な流れを再現すると、次の通りだ。

①上皇さまが美智子さまとともに松の間に入り、侍従がそれぞれ剣と璽（勾玉）、国璽、御

璽を捧げ持って入室する。

②皇太子ご夫妻ら皇族方がお供して入室する。

③首相が「天皇の退位等に関する皇室典範特例法」（退位特例法）に基づき天皇が退位したことや上皇さまへの感謝の言葉を述べる。

④上皇さまが国民に向けた「おことば」を述べる。

⑤上皇さまが美智子さま、剣や璽などを携行した侍従らとともに「松の間」を退出する。

上皇さまと首相の発言の順番や参列者の範囲、皇位の証しとされる「剣璽」の動きなど複雑に見える儀式の流れだが、上記のような形に式次第が落ち着くまでには、国民主権と象徴天皇のあり方を定めた憲法との兼ね合いに腐心する政府と伝統を重んじる保守派による水面下の攻防もあった。

宮内庁によると、昭和天皇まで百二十四代の天皇の歴史で、退位した天皇は五十八人を数える。しかし、現憲法下で初の退位となるため、退位の儀式は明治以降、前例も法的根拠も存在しない。

「譲位は歴史的にも決して驚くようなことではない」

上皇さまは周囲に持論をこう語り、自らも光格天皇をはじめとする退位の先例について研究されていた。宮内庁幹部は退位特例法が成立する前後から「三十年にわたって象徴としてお務めを果たされてきた陛下が退位されるのに、何もしないということはありえない。退位の儀式を何らかの形で行いたい」と述べ、江戸時代以前の儀式のあり方などを入念に調査してきた。

前天皇と新天皇が同席していた前近代の譲位式

平安時代前期に編まれた儀式書『貞観儀式《じょうがんぎしき》』には譲位の際の詳しい式次第が記され、その内容は江戸時代まで引き継がれていた。そこには、譲位（退位）と皇位を引き継ぐ儀式が、「譲国儀《じょうこくぎ》」として存在していた。主な儀式当日の流れは次の通りだ。

①退位する天皇は譲位に先立ち、内裏《だいり》（天皇の住まい）から新たな上皇のお住まいとなる仙洞御所《せんとうごしょ》に移り、譲位当日、儀式の会場となる正殿の殿上に着席する。
②皇太子が東宮御所《とうぐうごしょ》を出発し、仙洞御所の議場の皇太子席に着席する。
③皇太子が起立し、天皇の代理人（宣命使《せんみょうし》）が皇位を譲る宣命（天皇の声明文）を読み上げる。
④宣命が読み終わると、参列者が「おお」と声を出して応答（称唯《いしょう》）し、最高級の拝礼の所作とされる「拝舞《はいぶ》」を行う。

江戸時代以前の譲位による皇位継承例

代数	天皇名	譲位年
35代	皇極※→孝徳	645年
41	持統※→文武	697
43	元明※→元正※	715
44	元正※→聖武	724
45	聖武→孝謙※	749
46	孝謙※→淳仁	758
47	淳仁→称徳※	764
49	光仁→桓武	781
51	平城→嵯峨	809
52	嵯峨→淳和	823
53	淳和→仁明	833
56	清和→陽成	876
57	陽成→光孝	884
59	宇多→醍醐	897
60	醍醐→朱雀	930
61	朱雀→村上	946
63	冷泉→円融	969
64	円融→花山	984
65	花山→一条	986
66	一条→三条	1011
67	三条→後一条	1016
69	後朱雀→後冷泉	1045
71	後三条→白河	1072
72	白河→堀河	1086
74	鳥羽→崇徳	1123
75	崇徳→近衛	1141
77	後白河→二条	1158
78	二条→六条	1165
79	六条→高倉	1168
80	高倉→安徳	1180
82	後鳥羽→土御門	1198
83	土御門→順徳	1210
84	順徳→仲恭	1221
85	仲恭→後堀河	1221
86	後堀河→四条	1232
88	後嵯峨→後深草	1246
89	後深草→亀山	1259
90	亀山→後宇多	1274
91	後宇多→伏見	1287
92	伏見→後伏見	1298
93	後伏見→後二条	1301
95	花園→後醍醐	1318
96	後醍醐→後村上	1339
98	長慶→後亀山	1383
99	後亀山→後小松	1392
100	後小松→称光	1412
102	後花園→後土御門	1464
106	正親町→後陽成	1586
107	後陽成→後水尾	1611
108	後水尾→明正※	1629
109	明正※→後光明	1643
111	後西→霊元	1663
112	霊元→東山	1687
113	東山→中御門	1709
114	中御門→桜町	1735
115	桜町→桃園	1747
117	後桜町※→後桃園	1770
119	光格→仁孝	1817

※は女性。北朝5代の天皇は除く

⑤新天皇が歴代天皇に伝わる剣や爾（勾玉）を受け継ぐ。

当時は「宣命」の読み上げをもって皇位の継承と考えられていた。宮内庁によると、光格天皇以前に行われた譲位の儀式では、退位する天皇と皇太子が同席して行われていた。光格天皇の譲位の儀式では皇太子は参列しなかったが、儀式終了後、剣と璽は前天皇側から新天皇の御所に移された。「宣命」と前天皇から新天皇への剣璽継承が皇位継承のポイントとみなされた。

だが、こうした古い儀式に倣って「退位礼正殿の儀」を行う場合、「天皇の地位は主権の存する国民の総意に基づく」（憲法第一条）、「天皇は国政に関する権能を有しない」（同第四条）などと定めた憲法との整合性が問題となった。内閣法制局は、退位する天皇の声明文（「宣命」）は天皇の意思表明とみなされる恐れがあると分析。また、剣や爾（勾玉）を直接、退位する天皇から新天皇に譲り渡すような形式も国民主権の趣旨に反する恐れがあるとして、このような儀式のあり方に難色を示していた。

分離された退位と即位の儀式

政府内の検討作業の一部が漏れ伝わり、これに敏感に反応したのは、安倍政権の支持層とも重なる伝統を重んじる保守派だった。

保守派は、神社界の機関紙「神社新報」を発行する神社新報社の高山亨社長が会長を務める「時の流れ研究会」の見解として、退位と即位の儀式は「同日・同じ場所で引き続き」行われ、皇位の象徴である神器は直ちに引き継がれるべきだとする見解（神社新報一八年一月二十九日付一面）を掲載した。

すでに退位と即位の日程については、政府は前年の一七年十二月一日の皇室会議で、退位日を一九年四月三十日、即位日を五月一日とし、退位の儀式と即位の儀式をそれぞれ四月三十日と五月一日の別々の日に開催する方針を固めていた。

だが、「研究会」の前田孝和事務局長は「皇位は神器とともにあるのが原則」とし、別の日にすると「皇位に空白（空位）が生じる」などと主張した。「研究会」内部の検討資料によると、「皇位継承（御譲位と即位）は、歴史的には『退位のおことば』と剣璽の承継により確定する。（略）それには、両儀式が同一日に同一場所で一続きに行われてこそ、国民も目に見える形で理解できる」と指摘。「譲位」の儀式の実施日を改元日の五月一日とし、天皇陛下の「おことば」の具体案なども記されていた。

しかし、こうした「退位と即位の一体化」論は、政府が個別に非公開でヒアリングした有識者からも否定的な意見が相次いだ。「退位と即位の儀式を同日に行うのは法的に無理がある」（石原信雄元官房副長官）、「両儀式は事実を広く示すもので、時間単位で空白があっても問題にならない」（本郷恵子東京大学史料編纂所教授）、「陛下が皇位にあるうちに剣璽を手放す趣旨の儀式はふさわしくない」（園部逸夫元最高裁判事）などで、政府はこうした意見も踏まえ、二つの儀式の一体化によって皇位が譲られるという印象を与えないよう、退位と即位の儀式を切り離して実施する方針を決めた。

また、天皇が皇位を譲る意思を示す「宣命」の扱いも焦点となった。退位にあたって、上皇が「おことば」を述べること自体は有識者らも問題ないとの見解を示していたが、内容次第では憲法が禁じる国政関与になる懸念もあった。このため、政府は陛下自らの意思ではなく、退位特例法に基づき退位したという事実関係にとどめるとともに、退位の儀式での「おことば」の順番も、首相、上皇さまの順とした。まず国民の代表としての首相が、国会が制定した退位特例法の定めで天皇陛下が退位することを表明し、上皇さまに感謝を述べる。その後、上皇さまが国民向けに「おことば」を述べると位置づけた。

一七年六月に成立した退位特例法では、上皇さまに限って退位ができるようにし、退位の日を政令で定めると決めた。政令は政府が閣議決定するもので、決定権はあくまでも政府にあるという考え方で、二重三重の意味で上皇さまの意思で皇位を譲る形にならないように配慮した。

ちなみに「即位礼正殿の儀」というネーミングは、元最高裁判事の園部逸夫氏がヒアリングの中で提案した名称案の一つだった。政府内には当初、退位は一代限りの特例だから儀式は必

退位の礼関係諸儀式

月日	儀式
3月12日	○賢所に退位及びその期日奉告の儀 ○皇霊殿神殿に退位及びその期日奉告の儀 ○神宮神武天皇山稜及び昭和天皇以前四代の天皇山稜に勅使発遣の儀
3月15日	○神宮に奉幣の儀 ○神武天皇山稜及び昭和天皇以前四代の天皇山稜に奉幣の儀
3月26日	○神武天皇山稜に親謁の儀
4月18日	○神宮に親謁の儀
4月23日	○昭和天皇山稜に親謁の儀
4月30日	○退位礼当日賢所大前の儀 ○退位礼当日皇霊殿神殿に奉告の儀 ◎退位礼正殿の儀
6月6日	○大正天皇山稜に親謁の儀
6月12日	○孝明天皇山稜に親謁の儀 ○明治天皇山稜に親謁の儀

※◎は国事行為、○は大礼関係の儀式〈皇室行事〉

要ないという意見もあった。だが、検討の結果、儀式化されたことについて「退位というのは即位に見合う同等の重要事項と位置付けられ、将来にわたって前例をつくることになった」と皇室研究家の所功氏は評価する。

十三にのぼる退位関連の諸儀式

政府が責任を負う国事行為である「即位礼正殿の儀」以外にも退位に関連する皇室行事は全部で十三の儀式が設けられ、このうち退位の日までに行われた儀式は十儀式にのぼった。

退位に先立って行われた最初の儀式は、皇居内の宮中三殿（賢所《かしこどころ》や皇霊殿、神殿）に、天皇の退位と期日を報告する「退位及びその期日奉告の儀」（一九年三月十二日）だ。新天皇が皇位を継承した後に、宮中三殿に即位の期日を報告する儀式に対応した皇室行事といえる。上皇さまは「黄櫨染御袍《こうろぜんのごほう》」と呼ばれる装束《しょうぞく》に身を包み、皇祖神とされる天照大神《あまてらすおおみかみ》をまつる賢所に拝礼し、退位することとその日が四月三十日であることを大和言葉で伝える「御告文《おつげぶみ》」を読み上げた。

このほか、当時の吹上御所で伊勢神宮（三重県伊勢市）や初代天皇とされる神武天皇の陵（奈良県橿原市《かしはら》）と、昭和天皇以前の昭和、大正、明治、孝明の四代の天皇陵に天皇の使者を派遣する「勅使発遣《はっけん》の儀」をはじめ、神武天皇陵や伊勢神宮、昭和天皇陵などに退位を報告する「親謁《しんえつ》の儀」、退位当日の四月三十日朝に宮中三殿での「退位礼当日賢所大前《おおまえ》の儀」などが行われた。

大正天皇陵と孝明天皇陵、明治天皇陵に退位を報告する「親謁の儀」は退位後に行われ、六月十二日の孝明、明治両天皇陵への参拝をもって一連の退位関係諸儀式を終えた。

新たにつくられた伝統

こうした諸儀式の中で、目を引いたのは上皇さまが退位を報告する先祖の墓参りの範囲の広さだ。一般家庭であれば、先祖にお墓参りする場合、先祖代々のお墓は一カ所の場合が多いだろうが、天皇家の先祖のお墓、いわゆる山陵は歴代天皇ごとに存在する。その中から選定した対象範囲は「神宮神武天皇山陵及び昭和天皇以前四代の天皇山陵」で、天皇家の皇祖神とされる天照大神の神体の鏡をまつっている伊勢神宮と初代天皇とされる神武天皇陵、そして昭和天皇とそれ以前の大正、明治、孝明の各天皇陵だ。

新天皇が即位後に「親謁の儀」で訪れた天皇陵と全く同じで、今回の退位の儀式が「退位礼正殿の儀」という名称だけでなく、関連する皇室行事が新天皇の即位関連儀式と対《つい》の関係になっていることが読み取れる。つまり、退位した天皇は即位時に参拝した同じ先祖の墓（山陵）に退位の報告に行くということが今後前例化していくにちがいない。

だが、その範囲がなぜ、伊勢神宮と初代天皇陵、そして昭和天皇以前の四代までさかのぼることになったのか、となると、その答えは簡単ではない。明治天皇が一八七一（明治四）年に大嘗祭《だいじょうさい》を挙行した際、側近の公家を勅使として先帝の孝明天皇陵に派遣した記録はあるが、先帝以前四代が「親謁の儀」の対象になるのは大正天皇の即位礼からだ。皇祖神の伊勢神宮と初代天皇陵は別格扱いであることは容易に想像できるが、皇室祭祀令《さいしれい》（一九〇八年制定）や登《とう》極令《きょくれい》（一九〇九年制定）などの旧皇室令が整備されていくなかで、その範囲は先祖が比較的近い四代の山陵と定まったのだろう。

だが、こうした退位関連諸儀式の創出には批判がなくもない。そもそも天皇の退位が常態化していた江戸時代以前には、宮中三殿は存在せず、天皇が伊勢神宮に参拝したこともなかった。前例として一番近い光格天皇の譲位（退位）の場合も、こうした儀式は行われていない。神奈川大学名誉教授の中島三千男氏は「二重三重の意味でも拡大解釈」と指摘している。

キーワードは「簡素化」

退位の儀式のあり方を決めるキーワードの一つは、儀式の「簡素化」だった。

その具体的な考えの一端が浮き彫りになったのは、二〇一七年十二月十四日の宮内庁長官会見だった。長官会見は宮内記者会に所属する新聞社、通信社、テレビなど十五社の記者を対象にほぼ二週間に一回の割合で月二回程度開かれている定例会見で、山本長官は、退位の儀式について「陛下（上皇さま）はできるだけ簡素になさりたいとのお考えを持っている」と明らかにした。

『週刊新潮』が同日、官邸関係者の話として「陛下は華やいだ雰囲気で皇居を去りたいお気持ちを持っていらっしゃる」「具体的には、一般参賀のような形で国民に対してメッセージを発し、そのうえでパレードをしたいと考えておられるようです」などと報じた記事について、宮内庁はHPに掲載した抗議文を公表した。

山本長官が報道を「事実無根」として、儀式の「簡素化」のポイントとして挙げた要点は、主に次の三点だ。

上皇さまは、退位の儀式を皇居・宮殿内で粛々と静かに行いたいというお気持ちで、この考えは退位を実現する特例法が一七年六月に成立した直後から示され、官邸側にも伝えていると明言した。その上で、①外国賓客は、新天皇の即位の礼に招待する可能性を考えられ、譲位の儀式に招くお気持ちはない。②一般参賀については、海外王室では近年、新旧国王が宮殿で国民にあいさつするが、陛下が国民の前であいさつする考えもない。③パレードについての言及はなかったが、これまでの経緯から、華やかなものをお考えとはとても考えられない——とした。

国民生活への影響を極力少なくしたい上皇ご夫妻の言動に接している同庁担当記者ならば、退位にあたって前天皇が一般参賀やパレードを望むことなど、とても考えにくいということは容易に想像がつく。まして、退位特例法成立以前に行われてきた政府の有識者会議の中でも、退位の弊害として前天皇と新天皇が並び立つ二重権威の問題が指摘されていた。退位の儀式で一般参賀やパレードを行えば、翌日の五月一日に即位する新天皇と前天皇が並び立つイメージが強烈に残ることは言うまでもない。

「陛下の意向」、官邸に周知

この日の長官会見では、前例の光格天皇の退位の際のパレードの有無の質問も出た。光格天皇の例は、桜町殿《さくらまちどの》という仙洞御所で譲位の儀式を行ったが、天皇の住まいである内裏から仙洞御所まで列を組んで移動しており、これがパレードにあたるのではないか、という質問だ。山本長官は「（譲位の）儀式のために移ったもので、ヨーロッパのように（公衆に披露するための）パレードとは違う」などと否定した。

その点はともかく、ここで重要なのは、宮内庁が退位の儀式について①外国賓客は招待しない、②一般参賀なし、③パレードも実施しない——という上皇さまの希望を官邸側に伝えていたという事実だ。

もちろん、宮内庁が内々で官邸側に上皇さまの希望を伝え、政府全体で議論し、上皇さまの考えとは別に政府の方針として決定することには問題ない。ただ、退位と即位・改元の日程案は皇室会議で決まっていたが、一七年十二月時点では、退位の儀式の中味はまだ固まっていない。国事行為とするのか皇室行事とするのか、といった儀式の基本方針も正式に決定していない微妙な段階だ。記者からも「方針が決まっていない段階で、陛下（上皇さま）の意向を公表することに問題はないのか」「今後の検討作業に影響はないのか」（翌週の二十一日の長官会見）などといった質問も出た。

「儀式の内容以前の問題。国民に大きな誤解を与えることになるので、事実関係を明らかにした」と山本長官は強調した。官邸の了解も取って上皇さまの意向を公表したのであろうから、当然、検討作業とは別次元の話で問題ないという立場だ。だが、結果的に退位の儀式については、簡素化の流れに沿って進んでいくことになった。

退位儀式の簡素化の考え方は、皇室行事を担当する宮内庁の予算面にも一部反映されることになった。

天皇の退位に伴う儀式のうち国事行為の「退位礼正殿の儀」を除く皇室行事はすべて、天皇家の私的費用である「内廷費《ないていひ》」で賄われることになった。

退位前の会見でこのことを問われた宮内庁の西村次長は「宮廷費からの支出も可能だが、現憲法下で初めての退位で、儀式の前例がない。陛下（上皇さま）のお考えも踏まえ、宮内庁として内廷費で支出することとした」と説明した。

「内廷費」と「宮廷費」

「内廷費」とか「宮廷費」とか専門用語は、一般にはなじみのない役所言葉なので、少し皇室の予算について説明しておこう。

宮内庁関係の予算を大別すると、皇室費と宮内庁費に大別される。さらに、皇室費は「内廷費」と「皇族費」、「宮廷費」の三つからなる。

「内廷費」とは、天皇及び上皇、内廷にある皇族方の日常の生活費に充てる私的費用で、皇室経済法で年額約三億二千四百万円と決められている。宮中祭祀を担う天皇家の私的使用人である「掌典職《しょうてん》」の人件費や天皇一家の日常の生活費などに充てることができる。内廷費として支出されるものは、いわゆる「御手元金《おてもときん》」として処理され、宮内庁として経理する公金ではない。その支出内訳も公表されていない。

「皇族費」は、皇族としての品位保持に資するための費用とされるが、これも「内廷費」同様、皇族方の「御手元金」で、宮内庁が経理する公金ではない。陛下の即位で、皇位継承順位一位となった秋篠宮さまをはじめとする一家の日常の生活費も「皇族費」から支出される。秋篠宮さまへの皇族費はこれまで年額三千五十万円だったが、代替わり後は三倍相当となった。皇嗣《こうし》として、今回の代替わりで空位となった皇太子同等の待遇となったことに伴う措置だ。

「宮廷費」とは、天皇、皇后両陛下の地方訪問（行幸啓《ぎょうこうけい》）や外国訪問、儀式、国賓・公賓の接遇などの公的な活動に必要な経費などで、二〇一九年度の予算は約百十一億円にのぼった。

内廷費や宮廷費といっても、もともとの出所は税金に変わらない。支出の目的や性格に応じて費用区分している。

簡素化はどう反映されたのか

退位に関連する儀式のうち、国事行為の「退位礼正殿の儀」以外の皇室行事の予算について、宮内庁次長が「宮廷費からの支出も可能だが」と前置きしていることには、少し注釈が必要だろう。

「退位礼正殿の儀」に関連する皇室行事は、皇位継承儀礼の「大嘗祭《だいじょうさい》」とその関連儀式と同様、宗教儀式であるから国事行為とすることはできない。しかし、天皇の世襲に伴って行われる一世一度の代替わりの公的性格のある行事であることから、皇室の活動費の「宮廷費」を充当しても差し支えないという判断も可能との見解だ。

ただ、天皇の退位自体、現憲法下初めてのことで、儀式の前例もない。簡素化に、という上皇さまの考えも踏まえ、宮内庁としては内廷費で対応したという論理だ。具体的な使途について、同庁は明言していないが、各儀式での神前の供え物のほか、伊勢神宮などへ派遣する勅使の旅費などとみられる。

退位の関連儀式で簡素化とは、具体的にどのような形で反映されたのだろうか。

たとえば、「勅使発遣の儀」は、平成の代替わり時は宮殿で新天皇は装束《しょうぞく》を召して行ったが、今回の退位にあたっては場所も御所で、服装はモーニングだった。

平成の代替わりの際に行われた伊勢神宮への新天皇の「親謁の儀」の費用は、国費の宮廷費を充てた。新天皇は黄櫨染御袍、新皇后は十二単《じゅうにひとえ》姿で、ご成婚パレードの時に使用した二頭馬車に交互に乗車し、神宮の外宮《げくう》と内宮《ないくう》を参拝した。

当時、伊勢神宮神職で、二頭馬車で移動する天皇、皇后両陛下を参道で出迎えた佐藤昭典氏

（現茨城県護国神社宮司）は「厳粛の中にも、馬車で進む姿のきらびやかな光景は忘れられない」と振り返る。だが、三十年後、退位の報告のため上皇ご夫妻が一九年四月十七日〜十八日に行った伊勢神宮参拝では、上皇さまがモーニングコート、美智子さまが白の参拝服で、馬車も使用せず、車で移動した。

宮内庁幹部は「今回は粛々と静かに執り行うという方針に基づき、二〇一四年の式年遷宮後の陛下の参拝形式などを参考にした」と説明した。退位直前の伊勢神宮参拝も即位時のような派手な形で行えば、五月一日に即位する新天皇と並び立つようなイメージが広がりかねないという懸念にも配慮したのだろう。質素な参拝だった。

退位直前にも行われた「剣璽動座」

退位に先立ち、上皇ご夫妻が行った伊勢神宮参拝では、侍従が皇位の証しとされる「三種の神器」のうちの剣と爾（勾玉）を皇居から携行した。即位後五回目となる両陛下の神宮参拝のうち、剣璽携行は一四年以来四回目だ。

剣璽は、古くから新天皇の即位儀式や災害、戦乱から天皇が避難した時なども、天皇と一緒に移動している。このことを、戦前は「剣璽動座《けんじどうざ》」と呼び、天皇が一泊以上の外出の際、必ず一緒に移動していた。剣璽は常に天皇とともにあるという考え方からだ。

戦後、剣璽動座はどうなったのか。一九四六年四月の葉山御用邸への剣璽動座を最後に中止となった。その後、伊勢神宮の第六十回式年遷宮後の七四年十一月、昭和天皇の参拝で剣璽動座が二十八年ぶりに復活するが、伊勢神宮以外の地方訪問では今も剣璽は携行していない。

四六年六月の昭和天皇の千葉県巡幸の直前、戦後初の大金益次郎侍従長（当時。故人）が昭和天皇の許しを得て「剣璽動座」の中止を決断した。その年の正月、昭和天皇は「人間宣言」を行っているが、大金侍従長は天皇の神格性と人間天皇として行う地方巡幸とは分けて考え、剣璽の安置場所の確保が困難だったことも理由に挙げた。

伊勢神宮で剣璽動座が復活したのはなぜか。昭和天皇のヨーロッパ訪問のころから、神道界を中心に「剣璽動座」の復活を要望する運動が起こり、宮内庁も伊勢神宮の式年遷宮後に限って、天皇の参拝について特例で認めることになった。伊勢神宮は天皇家の皇祖神の天照大神をまつる皇室とゆかりの深い神社でもあるから、平成になって二回行われた式年遷宮後の参拝の時も剣璽動座は踏襲された。退位報告のための伊勢神宮参拝では、九〇年十一月の前天皇即位時の「親謁の儀」で剣璽動座を行っている例も参考にしたようだ。

二〇一九年四月三十日の「退位礼正殿の儀」でも、三種の神器のうち剣と爾（勾玉）は、退位する前天皇の前の台に置かれた。これも三十年前の「即位礼正殿の儀」で国璽、御璽とともに剣璽を置いたことを参考にしたものとみられる。皇室経済法によると、剣璽を含む「三種の神器」は「皇位とともに伝わるべき由緒ある物」（同第七条）に位置づけられており、「退位礼正殿の儀」に剣璽を置いても政教分離上問題ないというのが政府の見解だ。

伊勢神宮に報告、最後の地方訪問

一九年四月十九日午後、天皇、皇后として最後の地方訪問となった三重県から帰京する近鉄特急「しまかぜ」の沿線。日の丸や「感謝」と書かれたプラカード、紙などを掲げて見送る人波は途切れることなく、列車内でずっと立ったまま手を振って応えたという上皇ご夫妻の姿を目にして喜び合う人たちの姿が印象的だった。

こうした光景は、退位が近づく半年以上前から、訪問先の各地で見られた現象だった。美智子さまと長年交流の深い元編集者の末盛千枝子氏の著書『根っこと翼　皇后美智子さまという存在の輝き』（新潮社）の中で、こんなエピソードが紹介されている。皇太子同妃時代の上皇ご夫妻が結婚報告のため伊勢神宮に参拝して専用列車で移動した六十年前のことだ。

沿線に続く見送りの人波が途切れた広い畑の中で、一人の女性が一生懸命に手を振っていた。美智子さまが上皇さまのそばで応えていると、少し先で別の女性が熱心に手を振っていた。走る列車から振り返ると、この二人の女性が、広い畑を隔ててうれしそうに手を振り合って喜びを分かち合っていた。

親友の末盛氏に、その時の光景を忘れられない思い出話として披露した美智子さまは「皇室が、静かに、柔らかく、何かの結び目のようにして存在しているのではないか」と話したという。

結婚報告のための初めての地方訪問だった六十年前の伊勢神宮参拝。時は流れ、そして、最後の訪問地が三重県だったのは何かの偶然なのかもしれない。だが、「何かの結び目のような存在」という表現は興味深い。

上皇ご夫妻が結婚当初から一人一人の国民との接点を大切してきた原風景のようなものを感じるからだ。

第5章　皇位継承儀式——平成と令和で何が変わったのか

三十年ぶりの「剣璽等承継の儀」「即位後朝見の儀」

平成の代替わり以来、三十年ぶりに皇居・宮殿で執り行われた「剣璽等承継の儀《けんじとうしょうけいのぎ》」と「即位後朝見《ちょうけん》の儀」。元号が「平成」から「令和」に改まった二〇一九年五月一日、新天皇陛下は晴れやかな表情で二つの皇位継承儀式に臨んだ。

前日の「退位礼正殿の儀」から約十七時間後の一日午前十時半。皇居・宮殿の正殿「松の間」での「剣璽等承継の儀」で、陛下は皇位の証《あか》しとされる剣と爾《じ》（勾玉《まがたま》）のほか、国の印章「国璽《こくじ》」と天皇の印章「御璽《ぎょじ》」を引き継いだ。

三権の長と閣僚ら二十六人が参列したが、皇族の出席は皇位継承資格のある成年の男性皇族に限られ、皇嗣《こうし》の秋篠宮さまと常陸宮さまの二人が出席した。前回は皇族だけでなく全体でも女性の出席者はいなかったが、今回は片山さつき地方創生担当相（当時）が出席し、憲政史上初の女性参列者となった。

新天皇が即位後初めて国民の代表と会う「即位後朝見の儀」には、秋篠宮ご夫妻ら皇族や三権の長、閣僚、地方自治体の代表ら約三百人が参列。陛下は、出席者を前に「常に国民を思い、国民に寄り添いながら、憲法にのっとり、日本国および日本国民統合の象徴としての責務を果たすことを誓います」と天皇として初めての「おことば」を述べた。傍らで新皇后の雅子さまが見守った。

「即位後朝見の儀」で「おことば」を述べられる天皇皇后両陛下
（2019年5月1日）

平成と令和の代替わり儀式のちがい

国事行為として行われた二つの儀式は前回、儀式の名称を改めたが、儀式の内容自体は今回も全くといって変わっていない。大きく変わったのは儀式を取り巻く前提条件で、三十年前の代替わりのきっかけは、昭和天皇の逝去だった。その三時間半後、松の間で行われた「剣璽等承継の儀」に臨んだ天皇時代の上皇さまは、モーニングに黒ネクタイ、喪章をつけていたが、今回、陛下の服装はホワイトタイにえんび服、「大勲位菊花章頸飾《けいしょく》」の勲章をつけた正装だった。また、「即位後朝見の儀」に

今回の主な儀式・行事と「平成大礼」(1989～90年)

	今回の儀式、行事	「平成大礼」
	儀式名	儀式名
退位礼諸儀式	○賢所に退位及びその期日奉告の儀(2019年3月12日) ◎退位礼正殿の儀(4月30日)	
大礼序儀	◎剣璽等承継の儀(5月1日) ○賢所の儀(同1～3日) ○皇霊殿神殿に期日奉告の儀(同1日) ◎即位後朝見の儀 ○賢所に期日奉告の儀(同8日) ○斎田点定の儀(同13日)(大嘗宮地鎮祭) ○斎田抜穂の儀	◎剣璽等承継の儀(89年1月7日) ○賢所の儀(同7～9日) ○皇霊殿神殿に期日奉告の儀(90年1月23日) ◎即位後朝見の儀(89年1月9日) ○賢所に期日奉告の儀(90年1月23日) ○斎田点定の儀(2月8日)(大嘗宮地鎮祭) ○斎田抜穂の儀(9月28日、10月10日)
即位礼	○即位礼当日賢所大前の儀(10月22日) ◎即位礼正殿の儀 ◎祝賀御列の儀(11月10日に延期) ◎饗宴の儀(同22、25、29、31日) ◇内閣総理大臣夫妻主催晩餐会(同23日)	○即位礼当日賢所大前の儀(11月12日) ◎即位礼正殿の儀 ◎祝賀御列の儀 ◎饗宴の儀(同12～15日) ◇内閣総理大臣夫妻主催晩餐会(同13日)
大嘗祭	○大嘗祭当日神宮に奉幣の儀(11月14日) ○大嘗宮の儀(悠紀殿供饌の儀)(主基殿供饌の儀)(同15日) ○大饗の儀(同16、18日)	○大嘗祭当日神宮に奉幣の儀(11月22日) ○大嘗宮の儀(悠紀殿供饌の儀)(主基殿供饌の儀)(同23日) ○大饗の儀(同24、25日)
	○即位礼及び大嘗祭後神宮に親謁の儀(同22、23日)	○即位礼及び大嘗祭後神宮に親謁の儀(同27、28日)

※◎は国事行為。◇は政府主催行事。○は大礼関係の皇室行事。退位関係の諸儀式はいずれも新例

参列した雅子さまをはじめ女性皇族は、喪中の黒いドレス姿だった平成の時と違い、白のドレスに華やかなティアラやネックレスを着用されていた。そこに「平成」と「令和」の代替わりの違いの一端が如実に表れていた。

昭和天皇がお住まいの皇居・吹上《ふきあげ》御所の一室で八十七歳の生涯を閉じたのは一九八九（昭和六十四）年一月七日午前六時三十三分だった。死因は十二指腸乳頭周囲腫瘍（腺癌）だった。

同日午前五時、昭和天皇の侍従だった中村賢二郎氏は吹上御所で宿直をしていた侍従から「容体急変」の連絡を受け、都内の自宅から車で御所に向かった。御所に着いた時には、すでに皇族方や竹下登首相ら政府関係者らが詰めかけ、緊迫していた雰囲気に包まれていた。藤森昭一宮内庁長官は午前七時五十五分、「昭和天皇崩御」を正式に発表。午前十時から「剣璽等承継の儀」を実施し、年号を「昭和」から「平成」に改める改元手続きを一気に行った。

新元号「平成」は翌八日から施行された。以来、昭和天皇の逝去に伴う葬儀「大喪《たいそう》の礼」とその関連行事などが続き、新天皇の即位関連儀式が本格化するのは、一年に及ぶ服喪期間を終えた翌九〇年一月からだった。

昭和天皇の葬儀関連儀式と新天皇の即位関連儀式を合わせると、儀式は六十余りに達し、「剣璽等承継の儀」から一連の即位礼の最後の主要儀式「賢所御神楽《かしこどころみかぐら》の儀」まで約一年十一カ月の期間を要した。

自粛ムードと祝賀ムード

昭和天皇の逝去後、遺体を安置して別れを惜しむ殯《もがり》の行事や「大喪の礼」などの葬儀と関連儀式が続き、国や自治体だけでなく、各地で祭りなどのイベントの中止が相次いだ。こうした自粛ムードは八八年九月の昭和天皇の吐血による容体悪化以来続き、昭和天皇の体温、脈拍、血圧、呼吸数の数値から下血量に至るまで病状も逐一報道された。社会は重苦しい空気に包まれた。

「天皇が健康を損ない、深刻な状態に立ち至った場合、これまでにも見られたように、社会が停滞し、国民の暮らしにも様々な影響が及ぶことが懸念されます。更にこれまでの皇室のしきたりとして、天皇の終焉に当たっては、重い殯の行事が連日ほぼ二カ月にわたって続き、その後喪儀《そうぎ》に関連する行事が、一年間続きます。その様々な行事と、新時代に関わる諸行事が同時に進行することから、行事に関わる人々、とりわけ残される家族は、非常に厳しい状況下に置かれざるを得ません。こうした事態を避けることは出来ないものだろうかとの思いが、胸に去来することもあります」

上皇さまは二〇一六年八月八日のビデオメッセージで、昭和天皇の病状悪化から逝去に至る代替わり前後の時期の苦悩の一端を吐露した。昭和天皇の病状が悪化した晩年、上皇さまは国事行為の臨時代行も務めた。責任感の強い昭和天皇は最後まで象徴としての務めを果たそうとしていた。たとえば、最後まで沖縄訪問を果たそうと願いつつも、病気で果たせぬ父昭和天皇の無念さを間近で接し、辛《つら》い思いを募らせた。そして、前天皇の葬儀と新天皇の即位に関連する行事の同時進行は、残された家族をはじめとする皇族にとっても過大な負担を強いるものだった。

これに対し、令和の代替わりは、退位によって天皇の葬儀と即位の儀式は完全に分離され、祝賀ムードの中で、前天皇の退位の儀式と新天皇の即位の儀式が行われることになったことが大きな相違点だ。一年に及んだ服喪期間がなくなったため、「剣璽等承継の儀」から「賢所御神楽の儀」が終わるまでの期間は、二十三カ月から約七カ月に短縮されることになった。また、陛下が即位する一九年五月一日を祝日としたことで、四月二十九日から五月六日まで十連休となり、連休中の五月四日に一般参賀を前倒しで実施するなど、政府は代替わりに伴う祝賀ムードを最大限に演出した。

さらに一七年六月に国会で退位特例法の成立した後は、オープンな形で退位と即位、そして改元の準備が行われることとなったことも令和の代替わりの特徴の一つといえる。

元官房副長官の述懐

「昭和から平成への代替わりの際、崩御された前天皇の弔いの儀式と新天皇の即位に伴う一連の儀式がずっと続き、その間にさまざまな行事もあり、新天皇としての陛下（現上皇さま）のご負担は大変なものだった。退位によって、崩御による儀式と即位に伴う儀式を分離された意味は大きい」

平成の代替わり儀式の舞台裏を内閣官房副長官として取り仕切った石原信雄氏は、こう振り返る。石原氏が副長官に就任したのは一九八七年十一月六日。その二カ月前に昭和天皇は歴代天皇では初の切開手術を受けていた。就任にあたって前任の藤森昭一副長官（のちに宮内庁次長から長官。故人）に首相官邸近くのホテルに呼ばれ「万が一の場合に備えて、新元号と代替わりに伴う準備を詰めておくように」と告げられた。しかし、改元や「剣璽等承継の儀」などの準備は天皇の逝去を前提とした作業となるため、「事柄の性質上、公にはできず、『秘密絶対厳守』が至上命令でした」と石原氏。平成の代替わりは、まさに綱渡りの連続だった。

石原氏を「雲の上のような存在」と尊敬する自治省（現総務省）出身の後輩で宮内庁の山本信一郎前長官。二〇一九年十二月十二日の最後の長官会見で、退位に伴う代替わりの意義を問われ「明るい雰囲気の中で、お祝いの気持ちを素直に出せた。ご譲位になる日も予め決まっていたので、準備の期間も持てた」と振り返りつつ、「ご譲位によって皇位継承するということを、国民の多くの共感の中で行った。（略）今回の譲位による皇位継承は、これからの日本にとって先例になっていくと思いますね」と語った。

歴代天皇に受け継がれてきた「神器」

「剣璽等承継の儀」で、国印である「国璽」、天皇の印の「御璽」とともに新天皇に引き継がれた剣と璽（勾玉）を含む「三種の神器《じんぎ》」とは何か。

『古事記』や『日本書紀』によると、天照大神《あまてらすおおみかみ》が孫のニニギノミコトに日本統治を命じて地上に降臨させた際、八咫鏡《やたのかがみ》、草薙剣《くさなぎのつるぎ》、八尺瓊勾玉《やさかにのまがたま》の神器を授けた。鏡と剣は形代《かたしろ》（レプリカ）が作られ、これを含め、三種五個の神器があるとされる。二つの形代と八尺瓊勾玉は宮中に置かれ、八咫鏡は伊勢神宮、草薙剣は熱田神宮にまつられた。天皇の所持する剣は、源平合戦で壇ノ浦の海に沈み、伊勢神宮から代わりの剣が贈られたとの説がある。明治天皇は南北朝時代の皇統を巡る論争で、神器を所持した南朝を正統とした。

「勾玉は決して重いものではなかった」

「昭和」が終わる最後の節目の日、皇居・宮殿「松の間」で新天皇の前に置く「三種の神器」の一つである爾（勾玉）を収めた木箱を昭和天皇の住まいの「剣璽の間」から携行する役割を担った同天皇の侍従だった中村賢二郎氏は、こう振り返る。

モーニングコートを着用していた中村氏は、松の間に入室する直前、木箱を持つ右手の袖を直そうと、腕を少し振った。その瞬間の感触はいまでも記憶に鮮明だ。

「玉の塊のようなものがコロリと転がる音がした」

三種の神器は「天孫降臨神話《てんそんこうりん》」に由来する鏡と剣と爾（勾玉）を指す。明治期に制定の旧皇室典範は「祖宗《そそう》ノ神器」（第十条）と規定し、公的な存在に位置づけていた。祖宗は天照大神《あまてらすおおみかみ》から始まり、先帝に至る天皇の祖先のことだ。神器が神から授けられ、万世一系の皇統の証しとして、歴代天皇に受け継がれてきたことを意味した。

なかでも鏡は別格で、天照大神の御霊代《みたましろ》として、宮中三殿の賢所にまつられてきた。新天皇が剣と爾（勾玉）を継承する儀式を行うとき、ほぼ同時刻に賢所でも新天皇の代わりに掌典長《しょうてんちょう》が天照大神（鏡）に即位を報告する儀式が行われてきた。

戦後は一九四七年に制定された新皇室典範から「神器」の記述が消え、鏡と剣と爾（勾玉）はいずれも皇室経済法に定める「皇位とともに伝わるべき由緒ある物」とされている。法律上は、神聖だったレガリア（皇位のしるし）から、由緒物へと解釈が変わった。それでも神器は木箱に収められ「だれも中を直接見てはいけない」とされている。

儀式の名称も戦前、宗教色のある「渡御《とぎょ》」を用いて「剣璽渡御の儀」と称したが、平成の代替わりから「剣璽等承継の儀」と改められた。当時の政府関係者によると、「等」を挿入したのは、剣璽だけでなく、国璽（国の印）と御璽（天皇の印）や、その他の由緒物なども含むという意味を込めたからだという。

戦後に消えた「践祚」という言葉

皇室典範から戦後、消えた記述には「践祚《せんそ》」という言葉もある。新天皇が即位後初めて国民の代表と会う「即位後朝見の儀」も、戦前は「践祚後朝見の儀」と称したが、前回から現在の名称に変わった。

「践祚」とは、皇位を践《ふ》むこと。つまり、天子の位を受け継ぐことで、「即位」「登極《とうきょく》」と同じ意味だ。奈良時代に施行された「養老令《ようろうりょう》」の公式注釈書の『令義解《りょうのぎげ》』にも「天皇の即位、これを践祚と謂《い》ふ。祚は位なり」と解説されている。

践祚と即位については明確に区分されずに使われていた時代もあったが、践祚と即位の区別が明らかになるのは第五十代桓武《かんむ》天皇（在位七八一〜八〇六）が即位したころからで、明治になって制定の旧皇室典範などの法律に明文化された。

以来、天皇の代替わりの中心儀式は、①先帝の崩御直後に剣璽などを受け継ぐ旧「践祚式」②新帝（新天皇）が高御座《たかみくら》にのぼり、内外に即位を宣言する「即位式」③新帝が新穀を神々に供え、ともに食べて五穀豊穣を祈る「大嘗祭《だいじょうさい》」などから成る。

一連の代替わり儀式のうち最初に行う儀式がかつて「践祚」と呼ばれる即位式で、①賢所の儀②皇霊殿《こうれいでん》・神殿《しんでん》に奉告《ほうこく》の儀③剣璽渡御の儀（現在の「剣璽等承継の儀」）④践祚後朝見の儀（現在の即位後朝見の儀）——の四つの儀式から成る。戦前は①〜④のいずれも国の儀式として行われたが、戦後初めて行われた平成の代替わりでは、①と②は皇室行事、③と④は国事行為に分離された。①と②が国の儀式から分離された理由については少し解説が必要であろう。

この践祚にあたる①~④のうち最初の儀式は、皇位のしるしである「三種の神器」のうち剣と爾(勾玉)を国璽、御璽とともに受け継ぐ「剣璽等承継の儀」と、鏡が奉安されている宮中三殿の賢所で行われる「賢所の儀」だ。三種の神器は法律上、「皇位とともに伝わるべき由緒ある物」(皇室経済法第七条)とされ、剣璽は祭祀《さいし》対象でないため、国事行為として行っても憲法上、問題ない。一方、「賢所の儀」や「皇霊殿・神殿に奉告の儀」は神道形式で行われる宗教儀式であり、鏡は拝礼の対象であることなどから、憲法の政教分離に配慮して皇室行事とし、両者を区別した。これが政府の解釈だ。

際立つ前例踏襲主義

令和の代替わりでは約三十の即位関連儀式が行われたが、このうち政府の助言と承認に基づく国事行為として行われたのは①「剣璽等承継の儀」(二〇一九年五月一日)②国民の代表と会う「即位後朝見の儀」(同日)③即位を国内外に宣言する「即位礼正殿の儀」(十月二十二日)④即位の祝宴「饗宴《きょうえん》の儀」同月二十二、二十五、二十九、三十一日)⑤パレードの「祝賀御列《おんれつ》の儀」(十一月十日)の五つの儀式だった。⑤は、平成の時に新たに国事行為に付け加えられたもので、今回は台風19号の影響などを考慮して延期して実施された。

残りの二十五のうち二十三は、大嘗祭《だいじょうさい》など宗教色のある皇室行事で、それ以外は政府主催行事（内閣総理大臣主催晩餐会《ばんさんかい》）などだ。一般参賀を前倒しで即位後の五月四日に実施したことと園遊会を見送ったこと以外は前回と大きく変わらず、儀式の内容（式次第）もほぼ前例を踏襲した。

現行の法令で、即位の儀式を規定しているのは、「皇位の継承があったときは、即位の礼を行う」（皇室典範第二十四条）という記述だけだ。「即位の礼」の範囲をどこまでとするのかも一つの課題であったが、政府はこの規定により、一八年四月三日に「即位の礼」として、新天皇が五つの国事行為を行うことを閣議決定した。

この五つの儀式は、現憲法下初の代替わりとなった平成時にも行われている。政府は同年三月三十日の式典準備委員会（委員長・菅《すが》義偉官房長官）で、各儀式を「憲法の趣旨に沿い、皇室の伝統を尊重したものとする」と明記し、五つの即位関連儀式については平成時に憲法との整合性について十分に検討して挙行したとして「基本的な考え方や内容は踏襲されるべき」とする基本方針を決定した。

式典準備委員会は、菅義偉官房長官を委員長に、正副官房長官と宮内庁長官ら七人で構成。この年の一月から月一回のペースで行われてきたが、菅官房長官は「合意されれば、本日決定したい」と切り出し、わずか二十分足らずで最後の式典準備委員会は終わった。「平成の代替わりの式典は、現憲法下で十分な検討が行われ司法の場でも政府の立場が肯定された。今回も踏襲されるべきものと確認した」と菅官房長官は式典準備委終了後の会見で強調した。

しかし、果たして国民の目に見える形で十分な議論は行われたのだろうか。式典準備委員会の会合はわずか三回で、ヒアリングとしては有識者四人から非公開で意見を聴取しただけだった。各儀式の内容の是非を十分に検討したとは思えない。「最初から前例踏襲の結論ありき」との疑念は消えぬままだ。

逝去で論議不在だった「承継の儀」

平成の代替わり時の検討状況はどうだったのだろうか。

政府は昭和天皇の服喪期間中の一九八九年九月、「即位の礼準備委員会」(委員長・森山真弓官房長官)と「大礼委員会」(委員長・藤森昭一宮内庁長官)を設置し、同年十一月から十五人の有識者を官邸に招いて即位礼や大嘗祭などについてのヒアリングを実施し、その見解も公開した。この結果、即位礼や大嘗祭については少なくとも宗教や憲法、歴史学など、それぞれの専門分野の錚々《そうそう》たる専門家、学者の意見も公表され、賛成、反対両派による「大論争」が行われたことは明らかとなった。

しかし、「剣璽等承継の儀」について、少なくとも国会で代替わり前に十分な議論が行われた形跡はない。石原信雄元官房副長官の述懐にもある通り、昭和天皇が闘病中の晩年、同天皇の逝去を前提とした論議がはばかられたことが大きな要因だった。もちろん、政府内では水面下での準備は行われていたが、こうした内部の検討結果が一気に表に出るのは昭和天皇が逝去した八九年一月七日になってからだ。新天皇の皇位継承儀式が行われる直前の閣議で初めて「剣璽等承継の儀」や「即位後朝見の儀」が国事行為として行われることが明らかになった。

したがって、国民が新天皇の誕生を目にする最初のセレモニーである「承継の儀」に関する検討は、平成時においても国民の目に見える形で十分に議論が尽くされたとは言えない。むしろ、国会などでの議論を経ずに「承継の儀」と「朝見の儀」を国事行為として行うことが決まったことで、その後の平成の儀式の骨格が固まったとの指摘もある。

明治制定の登極令に依拠

こうしたなかで、政府が「皇室の伝統」の参考としたのは、一九〇九（明治四十二）年に制定され、戦後廃止された皇室令（皇室関連の法令）の「登極令《とうきょくれい》」だった。

登極令は天皇を神聖不可侵とする明治憲法の下、即位の礼と大嘗祭を一連のものとし、「附式」（付属文書）に儀式の細目を記していた。登極令に準拠して行われた大正、昭和の儀式では、京都で即位の礼と大嘗祭を行うと定め、約三十の儀式を列挙していた。新憲法下で天皇の地位は「国民の総意に基づく」と大きく転換するなか、戦後初めて行われた平成の代替わり儀式では、即位礼と大嘗祭を京都で行うことを取りやめたり、儀式名を変更したりしたが、儀式の骨格は変わらず、象徴天皇制や政教分離原則との関係で議論となった。

即位礼正殿の儀では高御座《たかみくら》、御帳台《みちょうだい》に天皇、皇后が立ち、首相が祝辞を述べて万歳を三唱するなどの次第を踏襲した。天皇、皇后、宮内庁職員らは衣冠束帯、十二単《じゅうにひとえ》などの古式装束《しょうぞく》を着け、庭上には「旛《ばん》」と呼ばれるのぼり旗などが並べられた。

大嘗祭の儀式の場となる平成の大嘗宮《だいじょうきゅう》は、計約三十の建物の総面積は約三二〇〇平方メートルと大正、昭和と同規模。主要三殿以外の茅葺《かやぶ》きを板葺《いたぶ》きに変更したほか、参列者の幄舎《あくしゃ》の規模を縮小したが、樹皮の付いた丸太を柱などに使う「黒木造り」などは昭和の造りに倣い、儀式の次第も登極令にほぼ沿った形だった。

「皇室の伝統」イコール「旧登極令」？

戦後に廃止された登極令がなぜ、代替わり儀式の根拠として参照され続けてきたのか。

一つには、四七年の新憲法施行に伴い、登極令や皇室祭祀令などの皇室令が全て廃止された後も、新たな法令が作られなかったことにある。そして、登極令の廃止の際、宮内府（当時。現宮内庁）は、新たな規定ができていないものは「従前の例に準じて」行うよう通達しており、平成の儀式を旧登極令にのっとって執り行う根拠となった側面は否めない。

　通達は、文書作成当時の宮内府長官官房文書課長だった高尾亮一氏（のちに同庁管理部長。故人）の名前から取った『高尾通達』と呼ばれる依命通牒《いめいつうちょう》で、「従前の規定が廃止となり、新しい規定ができていないものは従前の例に準じて事務を処理すること」とある。法律や政令、規則のような強制力はないが、旧皇室令に代わる法令ができないものは旧法令を参考に、という内部通達だ。だが、新憲法施行とともに効力を失った皇室令に代わって当面の事務処理、たとえば皇族の葬儀や祭祀を行う際の指針となったとみられる。

　戦後、宮中祭祀は天皇家の私的行為とされ、直接雇用する掌典職の人たちに支えられてきた。一九八〇年代には、現憲法下での代替わり儀式のあり方も課題として浮上していた。

「昭和の終わりに近づくなか、大喪や大礼の儀式は根拠法令がないまま、どうやるのか。それには登極令など旧皇室令に則《のっと》ってやっていかなければならないという発想はあった」

　宮内庁掌典補として平成の代替わり時に昭和天皇の葬儀《そうぎ》や即位儀式の舞台裏の準備にかかわった元職員で御香宮《ごこうのみや》神社（京都市伏見区）権禰宜《ごんねぎ》の三木善明氏は、こう振り返る。別の式部職の元幹部も「新たな規定がない以上、登極令を参考にする以外に手段はなかった」などと証言する。今回の代替わりの際も旧登極令の附式を金科玉条のように扱い、そこから逸脱している部分の修正を政府に求める保守派の動きもあった。

皇室研究家で国学院大学講師の高森明勅《あきのり》氏は、政府が大嘗祭に関する有識者からのヒアリングを行う直前の八九年十月ごろ、政府高官（当時）と意見を交わしたことを鮮明に覚えている。

政府高官は「憲法に抵触することはできないが、皇室の伝統を最大限、尊重したい」と考えていた。「皇室の伝統とは、イコール登極令。これが当時の政府の認識だった」と高森氏は指摘する。また、政府高官は「戦争に負ける前は、登極令・附式という法的なルールがあったが、いまはない。国権の最高機関である国会が登極令にあたる新ルールを昭和天皇が亡くなる前につくるべきだった」と述べたという。

女性皇族参列NOの理由（わけ）

久保田真苗《まなえ》委員（社会党）：さきごろ剣璽等承継の儀というのを私もテレビで拝見しました。（略）女性を徹底的に排除したあの儀式のあり方というものは、大きな欠陥を物語っていると思うのです。（略）これは日本国民の半分の象徴であるというふうに私には思えたわけです。昭和生まれの官房長官はどういう感想をお持ちでしょうか。

小渕恵三官房長官：この皇位継承に当たりましては、現実に男系の男子でありますす皇太子がおられるわけですので、当然のことながら皇位継承されるものだと受け止めまして、あえて女帝を考えなければならないという時点ではないと考えまして、ごく自然に受けとめさせていただいたわけでございます。しかし、従来からそういった議論の存しましたことは承知をいたしておりますので、さらに勉強もさせていただきたいと思います。

「新年祝賀の儀」に参列する女性皇族方（2019年1月1日）

平成の「剣璽等承継の儀」から二カ月余りが経過した八九年二月一四日の参議院内閣委員会。現憲法下で初めて行われた「承継の儀」に女性皇族が参列されなかった問題をめぐり、社会党の久保田議員（のちに経済企画庁長官。故人）と小渕官房長官（のちに首相。故人）の間で交わされた質疑の一部だ。

ずいぶん昔の国会論戦、しかもやや長めのやり取りの一部を引用したのは、あれから三十年経過した今回の「承継の儀」にも女性皇族の姿がなかったからだけではない。三十年前の国会論戦で重要な論点が提起されているのに、今回の「承継の儀」への参列者を男子皇族に限定する政府方針に至るプロセスは国民にわかる形での論議不在のまま、結論だけが踏襲されたように思えるからだ。

「承継の儀」への女性皇族排除は「半分の象徴だ」と追及する野党議員の質問に、当時の小渕官房長官は割と正直に答弁している。その答弁にある「現実に男系の男子でありますす皇太子がおられるわけですので……」の「皇太子」の部分を「皇嗣の秋篠宮さま」あるいは「悠仁さま」と置き換えれば、どうなるか。答弁の続きも「当然のことながら皇位継承されるものだと受け止めまして、あえて女帝を考えなければならないという時点ではない……」となってもおかしくはない。

この想定答弁は、そっくりそのまま、いまの政権中枢の本音に近いのではないか。ただ、この時点ではそれは口が裂けても言えない。一つには、退位特例法の付帯決議の中で、国会から「安定的な皇位継承を確保するための諸課題、女性宮家の創設等」を含む検討を求められているからだ。安定的な皇位継承に向けた諸課題には当然、国民の支持の高い女性天皇等の選択肢も含まれている。皇位継承の儀式に女性皇族の参加を認めれば、女性・女系天皇につながる論議が再燃しかねない。一連の皇位継承儀式が始まる一年以上前に、国論を二分するような議論に発展するのを回避したとみられる。

現代にふさわしい皇位継承の形とは

「平成の前例を踏襲し、参列される皇族は男性皇族のみになる、と考えている」「承継の儀」の参列皇族について菅官房長官が初めて言及したのは、一連の退位と即位の儀式の基本方針を閣議決定した二〇一八年四月三日の閣議後会見だった。

宮内庁が一九九四年刊行の『平成大礼記録』には「皇位とともに伝わるべき物を承継する儀式」であるため、皇族の出席は「皇位継承権を有する皇族男子」に限定したと記されていた。今回もこれが政府の公式見解とみていい。

平成の前例とは、昭和天皇逝去の三時間半後に皇居・宮殿松の間で行われた「承継の儀」を指す。参列した皇族は、皇太子さま（現天皇陛下）と秋篠宮（当時は礼宮《あやのみや》）さま、常陸宮さまら男性皇族六人で、今回は、皇嗣の秋篠宮さまと常陸宮さまの二人だけだった。

今回の皇位継承を巡っては、平成の代替わりから約三十年が経過したことを踏まえ「今の皇室には女性も多い。成年男性に限定するのはおかしい」（社民党の福島瑞穂副党首）などとして、時代の変化に応じた対応を求める意見が政界や専門家の間から出ていた。

政府方針は、女性を排除していた時代のロジックだ（高森明勅氏）と指摘する専門家も少なくない。儀式の規範とされたのは、明治期に制定された登極令の附式とされ、それらは女性参政権が認められず、皇室の重要事項を審議する皇族会議（現皇室会議）の出席も男性に限られた時代の法令だ。

男子皇族限定について、登極令に理由は書かれていないが、明治時代の感覚では男子限定が前提だった。当時は皇族会議も男子限定だったが、いまは女性皇族もメンバーに入っている。また、摂政となることや国事行為の臨時代行を務めることは法的にも認められており、「公務の一部を担う女性皇族や未成年皇族が皇位継承の重要儀式に出席することを拒む理由はない」(所功氏)との指摘もある。

今回は新天皇の即位日が、「承継の儀」の約一年五カ月前の二〇一七年十二月に決まり、検討する時間的な余裕は十分にあった。だが、政府が基本方針決定前にヒアリングした有識者にも、女性皇族の参加の是非については聴取していない。その後も十分な議論があったとも思えない。

明治以降、終身在位を前提とした天皇の代替わりは、今回の上皇さまの退位を機に、大きな転換期を迎えようとしている。社会は超少子高齢化の時代に入り、皇室は男性皇族の減少に直面している。現状を見据え、象徴天皇の時代にふさわしい皇位継承の形とは何か。今後も問われ続ける。

第6章 即位礼——時代に応じて変化する最重要儀礼

令和の長い一日

二〇一九（令和元）年十月二十二日は、朝から冷たい雨が降り続いた。台風20号から変わった温帯性低気圧の影響で、都心の最低気温は一五度まで下がり、時折、突風が吹いた。平安朝の武官や文官の威儀者《いぎのもの》に扮した宮内庁職員らは皇居・宮殿の中庭に整列する予定だったが、雨の影響で装束《しょうぞく》がぬれるため、同庁は午前中に人数を減らして屋内に待機させた。宮殿の中庭に掲げられた「旛《ばん》」と呼ばれる伝統の装飾旗二十六本のうち、安倍首相の揮毫《きごう》を刺繍《ししゅう》した「萬歳《ばんざい》旛」など三本が風にあおられて落下した。

午前七時すぎ、皇后雅子さまは白の帽子に白のスーツ姿、そして午前八時すぎ、天皇陛下がモーニング姿で車に乗り、お住まいの赤坂御所を出発した。向かった先は皇居・宮殿。雅子さまが天皇陛下より約一時間早く出立したのは、この日行われる陛下の即位を内外に宣言する儀式「即位礼正殿の儀」に先立って行われる神事で着用する装束の着替えや潔斎などの諸準備の

「即位礼当日賢所大前の儀」を終えられた天皇陛下（2019年10月22日）

ためだった。

すでに台風19号の影響による被災者の心情を考慮し、この日午後三時半から予定されていたパレード「祝賀御列《おんれつ》の儀」の延期は五日前に発表されていた。だが、この日、「即位礼正殿の儀」を行うことを宮中三殿に報告する「即位礼当日賢所《かしこどころ》大前《おおまえ》の儀」、「即位礼当日皇霊殿神殿に奉告の儀」をはじめ、午後一時からの「正殿の儀」外国賓客をもてなす祝宴「饗宴《きょうえん》の儀」などが予定されていた。「大前の儀」などは皇室行事だが、「即位礼正殿の儀」と「饗宴の儀」はいずれも内閣が責任を負う国の儀式。これらの儀式が全て終わるのは深夜になる見通しから、病気療養中の雅子さまにとっては最大の関門とみられた。お支えする侍従職ら宮内庁は万全の態勢を敷いていた。

午前九時すぎ。時折、宮中三殿の廊下に横殴りの雨が吹き付けるなか、陛下は純白色の「帛《はく》御袍《ごほう》」と呼ばれる装束姿で現れ、まっすぐ前を見据えた表情で賢所に通じる廊下をゆっくりと進んだ。賢所に続いて歴代天皇や皇族の霊をまつる皇霊殿と天神地祇《てんじんちぎ》をまつる神殿に拝礼した。雅子さまは純白の五衣《いつつぎぬ》の上に唐衣《からぎぬ》と裳《も》を重ねた十二単《じゅうにひとえ》姿。左右の側頭部のびんを大きく膨らませた「大垂髪《おすべらかし》」と呼ばれる髪型で、やや緊張気味ながらも、凛《りん》とした風情で三殿を順番に拝礼した。

宮中三殿の庭上からは、モーニングとドレス姿の秋篠宮ご夫妻をはじめとする十一人の皇族と、安倍首相ら三権の長や閣僚ら約五十人が控え、陛下、雅子さまの順で拝礼が終わると、皇族方に続いて首相や閣僚らが次々と三殿に向かって拝礼した。

平安絵巻の雰囲気に包まれた「正殿の儀」

皇居・宮殿の正殿「松の間」で「即位礼正殿の儀」が始まった午後一時すぎ。朝から降り続いた雨もやみ、雲間から青空がのぞいた。中庭に掲げられたのぼり旛の揺れる姿が、正殿前の庭の水たまりに映った。

海外から参列した百九十一の国や国際機関の代表のほか、三権の長や知事、各界代表など計約二千人が出席。陛下は淡く赤みがかった茶色地の「黄櫨染御袍《こうろぜんのごほう》」、纓《えい》がピンと立った冠を着け、手に笏《しゃく》を、雅子さまは十二単姿、額のやや上に輝く金色の釵子《さいし》、手に檜扇《ひおうぎ》を持ち、松の間に設けられた「目隠し」の通路に入り、それぞれ後方から高御座《たかみくら》と御帳台《みちょうだい》にのぼった。

「即位礼正殿の儀」における両陛下の装束

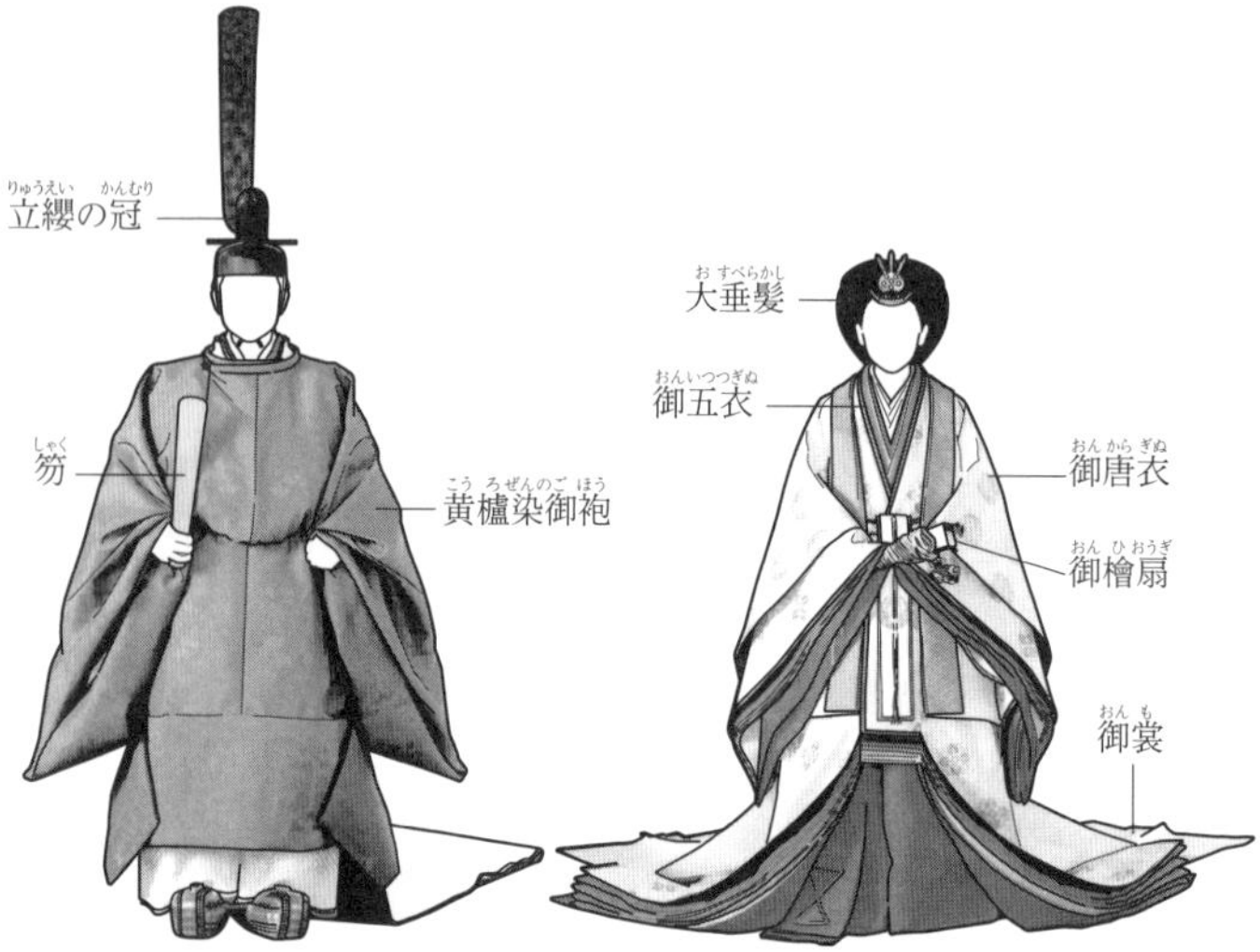

（東京新聞提供）

松の間に並んだ十一人の皇族のうち男性皇族は、車椅子の常陸宮さまはえんび服姿だったが、秋篠宮さまは、皇位継承者が身につける黄丹御袍《おうにのごほう》姿。女性皇族は十二単を身にまとい、松の間のあらかじめ決められた位置に並び、宮殿は一気に「平安絵巻」さながらの雰囲気に包まれた。

予定より五分遅れで始まった正殿の儀では、鉦《しょう》の合図とともに、侍従と女官の手で高御座と御帳台の濃い紫色の帳《とびら》が開いた。姿を現した陛下は「憲法にのっとり、日本国および日本国民統合の象徴としてのつとめを果たすことを誓います」などと読み上げ、即位を宣言した。

続いて、えんび服姿の安倍首相が高御

座の前に進み出て「一同こぞって心からお慶びを申し上げます」とお祝いの「寿詞《よごと》」を述べ、四歩下がって「ご即位を祝して、天皇陛下万歳」と発声した。参列者が万歳を三唱すると、皇居近くの北の丸公園で陸上自衛隊が二十一発の礼砲を打ち鳴らした。

夜七時二十分からは、皇居・豊明殿を主会場に、主に外国賓客らをもてなす祝宴「饗宴の儀」が執り行われた。えんび服とロングドレスに着替えた両陛下は、英国のチャールズ皇太子やスペインのフェリペ国王夫妻ら各国の王族夫妻を出迎え、食事を楽しんだ。饗宴の儀が終わったのは午後十一時二十分。赤坂御所に戻ったのは時計の針が午前零時を指す数分前だった。長い一日が終わった。

奈良時代から用いられた高御座

一連の即位儀式の中で海外の国王戴冠式や大統領就任式にあたるハイライト「即位礼正殿の儀」で使われる「高御座」とは、どのようなものなのか。

かつては皇位そのものを意味する言葉だったとされ、奈良時代から天皇の即位式の御座《ぎょざ》として用いられた。江戸時代までの高御座は、京都御所の火災で何度も焼失し、明治天皇は江戸時代末期に焼失した高御座の代わりに御帳台を使用した。現在のものは大正時代の一九一三（大正二）年に復元され、一五年の大正天皇の即位式に使用された。この際、西洋風に天皇と皇后

「即位礼正殿の儀」で使われた玉座「高御座」（手前）や「御帳台」を見物する参列者ら（2019年10月22日）

にペアで登場してもらおうと、伝統にない皇后用の御帳台も新造された。

高御座は、朱塗りの高欄を巡らせた黒漆塗りの浜床《はまゆか》と呼ばれる台座（幅六メートル、奥行き五・四メートル、高さ〇・九メートル）に豪華に装飾した八角形の天蓋《てんがい》を載せたような構造で、屋根の飾りを含めた高さは約六・五メートル、重さ約八トン。八本の円柱が屋根を支え、天蓋の頂上には金色の大小の鳳凰《ほうおう》や鏡、玉が飾られ、浜床の側面には中国の伝説上の動物である麒麟《きりん》などが描かれている。

内部にはそれぞれ御椅子《ごいし》があり、その左右に「三種の神《じん》器《ぎ》」のうちの剣と爾《じ》（勾玉《まがたま》）、国璽《こくじ》、御璽《ぎょじ》などを置く「案《あん》」という台がある。御帳台は近代以降、皇后の御座として即位の儀式に用いられるようになった。構造は高御座とほぼ同じで、高さは約五・七メートルと高御座より小振りだ。

余談だが、高御座と御帳台が置かれた松の間の前の廊下と中庭には三・七メートルほどの高低差があり、十八段ある木製の階段が特別に設けられた。一種の装飾であるが、これは昭和天皇の代まで即位の儀式が行われていた京都御所の紫宸殿《ししんでん》の造りに倣ったもので、宮殿全体の一体感を出すために前回の平成の即位式に続いて設けられた。

高御座も御帳台も通常は大正、昭和天皇が即位式を挙げた京都御所の紫宸殿に置かれている。前回は過激派の攻撃対象とされ、京都御所で解体し、極秘裏に自衛隊のヘリで都内に空輸した。今回は「世間の情勢が平穏になった」（宮内庁）として、保管場所で解体して皇居まで陸上輸送した後、金属飾りや漆塗りの修復を施し、装いを新たにした。

登壇する姿は「象徴」か「神聖」か

高御座は奈良時代以降、歴代天皇の重要儀式で皇位を象徴する御座として用いられ、儀式の荘厳な雰囲気を演出してきた。今回の即位礼でも高御座は使われたが、前回は戦後初めてとあって、伝統を尊重しつつ憲法や時代状況との調和をどう図るかが大きな課題だった。

「総理大臣が穴ぐらから天皇を見上げるような形になる。海外の賓客がたくさん来ている中で、さすがにありえなかった」

前回の代替わり儀式を仕切った元内閣官房副長官の石原信雄氏は、当初の宮内庁案に早々と見切りを付けた。

宮内庁案は、明治期に制定の登極令《とうきょくれい》と同附式に基づき、京都御所の紫宸殿で行われた大正、昭和天皇の前例を踏襲していた。昭和天皇の時は、当時の田中義一首相は紫宸殿の階段を下りて庭まで行き、殿上の高御座に立つ天皇の言葉である勅語《ちょくご》を聞く。次に階段を上がり、祝いの言葉を述べ、再び庭に下りて万歳を三唱する。君主と忠誠を誓う臣下の上下関係をあからさまに表していた

前回は初めて場所を京都から東京に移し、皇居・宮殿の正殿を会場とした。正殿の床は中庭から三・七メートルほどの高さがある。高御座に登壇する天皇の立ち位置は、床から一・三メートル。首相が中庭に立つと、天皇との高低差は五メートルにも及ぶ。中庭は建物と廊下に囲まれ、石原元官房副長官が「穴ぐら」と表現した情景がぴったりと浮かぶ。

本番で海部俊樹首相（当時）は、陛下と同じフロアに立って祝いの言葉を述べ、万歳を三唱した。陛下との高低差は、高御座の使用に伴う一・三メートルにとどまった。戦前は首相も古式装束姿だったが、海部首相は洋服のえんび服を着用していた。

高御座は歴代天皇の即位式で皇位を象徴する御座《ぎょざ》として使用され、中央の天皇の椅子のそばに三種の神器の剣璽《けんじ》も置かれる。政府は高御座を「皇位を象徴する調度品」と説明する。

登壇する天皇の姿が「天孫降臨神話を具現化している」と宗教色を指摘する専門家の声もあるが、即位式を「日本という国の品格や文化を内外にアピールする場でもある」ととらえる向きも少なくない。およそ百年前に京都で伝統技術の粋を集めて製作された高御座は、儀式を華

やかに演出する効果がある。「国の行事として象徴天皇の威厳を示すことが重要であり、高御座は不可欠だ」と皇室研究家の所功氏は強調する。

陛下と首相の立ち位置の高低差一・三メートルについても、所氏は「大学で教壇をなくし、生徒と同じ目線で、という考えもあるらしいが、儀式や教壇は生徒や観衆から見えないと意味がない」と一笑に付す。政府も「即位を広く知らせるという儀式の目的に適《かな》った高さであって、憲法上の問題はない」としている。

即位式は、明治期に長い伝統だった唐風の装束やデザイン、真言密教の所作や香をたきあげる火爐《かろ》などを取りやめ、様式が一新された。現代の形は、どうあるのがいいか。時代とともに見直しを求める声もある。

「宸儀初見」の復活

令和の「即位礼正殿の儀」は、基本的に平成の代替わり時の式次第をほぼ踏襲したが、一部に変化も見られた。

変わったのは、両陛下の松の間への入室経路と高御座への登壇方法だった。前回は松の間に面した中庭に外国賓客用の仮設ステージが設けられた。上皇ご夫妻は、賓客席から姿が見えるように中庭側の「梅の間」前の廊下を歩いて松の間に入った。今回は荒天に備えて仮設ステー

「即位礼正殿の儀」の経路比較

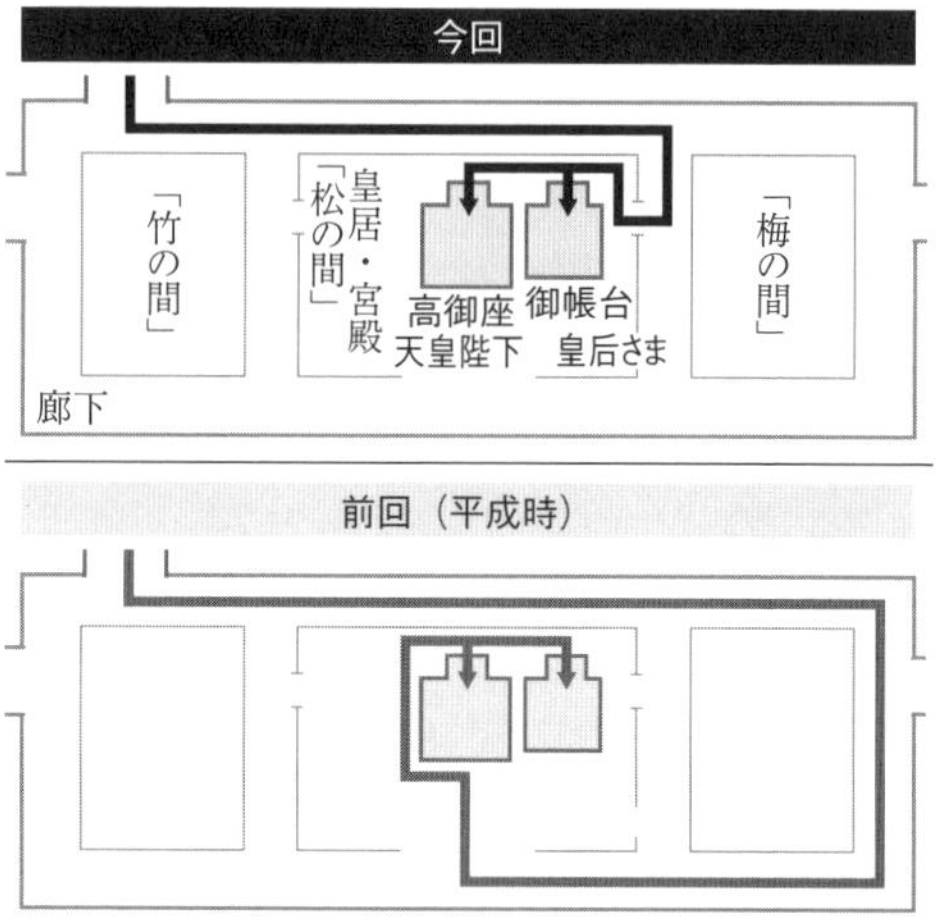

（東京新聞提供）

ジを設けず、両陛下は廊下を通らずに直接、松の間に入った。

松の間には、目隠し用の通路が仮設され、ここを通った陛下は、高御座に後方の階段からのぼり、鉦の合図で帳が開いた瞬間、初めて姿を現した。「宸儀初見《しんぎしょけん》」という伝統的な登壇方法だ。宸儀とは、天子の姿のことを意味する。平安時代から昭和の即位礼まで続いた伝統が九十年ぶりに復活した瞬間だ。

外国元首ら賓客は、正殿に隣接する豊明殿や長和殿の「春秋《しゅんじゅう》の間」などから、儀式を見守った。遠くなった場所からでも儀式の様子を見ることが可能となったのは、参列者の各部屋に設けられた四二～二〇〇インチのモニターだった。豊明殿には二〇〇インチの大画面のモニター二個、春秋の間にも一〇〇インチのモニター三個が設置され、参列者に鮮明な画像を通じて儀式の様子が届けられた。

春秋の間には、外国王族の国王や元首、首相経験者らの席が設けられた。高御座に立つ陛下の鮮明な姿が映し出されると、スマホで撮影する賓客もあった。

宮内庁が「陛下のお出ましの経路を、より伝統に沿った形に戻した」（山本信一郎長官）と強調するのにも理由はあった。

日本最古の儀式書といわれる平安時代前期に編纂《へんさん》された『貞観儀式《じょうがんぎしき》』によると、新天皇は、高御座の置かれた大極殿《だいごくでん》北側の天皇の控室・小安殿《こあどの》から入り、登壇した高御座でその姿を初めて現した旨の記載がある。平安末期に大極殿が焼失した後も、主として京都御所の紫宸殿などで、高御座後方の階段から登壇した。

また、左右九人ずつ計十八人（のちに各八人）の女官が翳《さしは》という大きな扇で天皇の顔などを隠し、鉦の音とともにそれを外して天皇の姿を見せるという手法は明治になって廃止されたが、扉を開く宸儀初見の伝統は大正、昭和の即位礼でも踏襲されてきた。

この点だけをみれば、確かにひとつの伝統ともいえるだろう。だが、長い歴史を持つ皇室の伝統は一様ではない。即位式のあり方だけでも大きく変化した。

皇位の証しである剣爾を継承する「践祚《せんそ》」の儀式と即位を宣言する「即位礼」が区別されるようになるのは、第五十代桓武《かんむ》天皇（在位七八一～八〇六）の時からだ。即位礼の式次第が文献上、最初に確認できるのは第五十三代淳和《じゅんな》天皇（在位八二三～八三三）で、今日の即位礼の原型が確立したのは平安時代初期とみられる。その式次第を体系的に明文化した最初の儀式書が『貞観儀式』だ。

時代に応じて変容を繰り返す即位礼

ただ、即位礼のあり方自体、時代とともに大きく変化を繰り返してきた。たとえば、明治以前の即位礼での天皇の正装は、中国風の冠と袞冕《こんべん》十二章の文様をつけた礼服で、今のような黄櫨染御袍の束帯姿になるのは明治以降だ。儀式も密教の最高神である大日如来と一体化する「即位灌頂《かんじょう》」といわれる神仏習合の秘儀は、平安時代から幕末の第百二十一代孝明《こうめい》天皇(在位一八四六〜六六)まで続いた。

こうした即位礼の伝統様式が大きく改変されていくのは、明治維新の王政復古で、「神武創業《じんむそうぎょう》」を掲げる明治新政府が中国風や神仏習合的な儀式のあり方を廃止し、神道式一色の儀式に改めたのが大きな要因だ。

即位礼で天皇が自ら言葉を述べるようになったのも大正天皇の時の即位礼からで、それ以前は、本書第4章でもみてきたように「宣命使《せんみょうし》」と呼ばれる天皇の代理人が「宣命」を述べる形をとっていた。高御座と皇后用の御帳台がつくられたのも大正天皇の即位に合わせてで、夫婦そろって、という西洋風の王室の影響もうかがえる。

日本国憲法下で初めて行われた前回の即位礼ではすでに述べてきたように、首相が万歳をする位置が戦前の庭上から殿上となり、首相の服装も束帯からえんび服へと変化した。「憲法の理念を踏まえ、基本的に天皇と国民との関係が君主と臣下とならないように配慮した」

元官房副長官の石原信雄氏は首相の立ち位置の変更の理由を代弁する。だが、前回、長い伝統のある宸儀初見から梅の間前の廊下を通るルートに変更した理由については「憲法の関連で議論した記憶はない」と繰り返す。

当時、即位礼の式次第の文案を担当した宮内庁の元式部職幹部は「途中まで登極令通りの式次第だった。ある日、突然、上司から『梅の間』通過案が下りてきた」と振り返る。宮内庁幹部は「参列者に両陛下の姿をよく見ていただこうと検討した結果だ」としている。「高御座の登壇だけだと、中庭のステージ席からも、両陛下の姿がよく分からない。せっかく大勢の外国の賓客がお見えになるのだから、という強い要望があったと聞いている」と宮内庁出向経験のある元外務省幹部は証言する。

宸儀初見が復活したことには、専門家の見解が分かれた。静岡福祉大学名誉教授の小田部雄次氏は「平成の即位礼では、京都ではなく東京の新宮殿で行ったことや梅の間を通過することで『宸儀初見』という権威的な天皇の登場を避けたことなど、一部斬新さがあった」と評価する。その上で、「かつて『神』であった時代の儀式から国民主権の時代にふさわしい儀式にするための努力が令和の即位礼でも、もっと必要だったのではないか」と指摘した。

皇室の伝統は、時代に応じて常に変化を繰り返してきており、決して不変ということではない。今後とも、時代にふさわしいあり方が模索され続けていくことが望まれる。

皇族の減少浮き彫りに

正殿の儀では、男性皇族の減少に伴い、皇族方の立たれる位置が変更されるなど、皇室を取り巻く課題が儀式面でも改めて浮き彫りとなった。

平成の時は、高御座の前方に男性皇族六人、御帳台の前方に女性皇族七人と男女で分かれて並んだ。今回は高御座の前に秋篠宮ご一家の成年皇族四人、御帳台の前には、それ以外の常陸宮家、三笠宮家、高円宮家の七人が並ぶ形になった。

前回は、男性皇族が皇太子だった陛下や秋篠宮さま、常陸宮さま、三笠宮崇仁《たかひと》さま（故人）ら六人、女性は秋篠宮妃紀子さまや常陸宮妃華子さまら七人だった。今回、男性皇族の参列者は、皇位継承順位一位の皇嗣の秋篠宮さまと、上皇さまの弟で同三位の常陸宮さまの二人だけとなり、女性皇族は秋篠宮家の眞子さま、佳子さまを含め九人。宮内庁幹部は並び方の変更について「男性皇族が少なく、松の間内のバランスを検討した結果、宮家で区分けした方が収まりがよいと判断した」と説明した。

また、高齢の皇族方への配慮もなされた。前回は皇族全員が古式装束で臨んだが、車椅子の常陸宮さまは装束の着用がむずかしい。このため、政府は今回、装束が難しい場合は「えんび服とする」と洋装の選択も認めた。常陸宮さまはえんび服で参列した。九十六歳と皇室最高年齢の三笠宮妃百合子さまは体調を配慮して参列を見送った。

簡素化と負担軽減

正殿の儀の参列者らを招く祝宴「饗宴の儀」の規模も見直された。平成の時は、国内外から約三千四百人を招待し、計七回開いた。今回、招待者は二千六百人に減らし、開催回数も四回に縮小した。このうち二回は立食形式に変更した。

二十二日夜の一回目は、豊明殿で海外の国王や元首ら約四百人を招き、着席形式で開かれた。二回目以降は二十五、二十九、三十一日に一回ずつで後半の二日は立食形式とした。宮殿大広間の豊明殿と春秋の間を同時に使い、一度に大勢の賓客をもてなせるように工夫した。

回数の減少と立食形式の導入の狙いを政府は「儀式の簡素化と皇族方の負担軽減」と説明するが、開催日を平成時のように連日とせず、一定の間隔を開けたことも含め、回復基調とはいえ、適応障害の療養が続く雅子さまへの負担軽減への配慮もあった。

負担軽減の面でいえば、「即位礼正殿の儀」などが集中した即位礼の日から大嘗祭までの期間を、二十二日間設けたことも大きい。平成の時はわずか十日間の間隔しかなく、両陛下をはじめ皇族方の負担も大きかったという教訓が生かされたといえる。

祝賀パレードの延期

十月二十二日に予定されていた天皇の即位を祝うパレード「祝賀御列の儀」は、台風19号の被害を受け、十一月十日に延期となった。その理由について、政府は天皇、皇后両陛下のお気持ちにも配慮して決めたとみられる。安倍首相が視察先の宮城県で「(台風の)被害状況を踏まえ延期する方向で検討している」と表明したのは五日前の十月十七日で、政府は翌十八日の閣議で延期を決定した。菅官房長官は同日の記者会見で「あくまでも内閣として判断した」と強調した。

台風19号は十二日から十三日にかけて東日本を中心に上陸し、死者数が八十人を超えるなど、広い地域で甚大な被害をもたらした。日に日に被害の大きさが明らかになり、宮内庁は十月十五日の次長会見で、五日後に御所で予定していた美智子さまの誕生日行事を全て取り止めると発表するとともに、両陛下のお気持ちとして「多数の方々が犠牲となり、依然として多くの方の安否が不明であること、数多くの方々が被災されていることに大変心を痛めておられる」と公表した。官邸側が一転して延期の検討に入ったのはこの後だった。

台風被害拡大の実態が明らかになるにつれ、被災地を中心に祝賀行事への影響を懸念する声も出ていた。

災害の発生などで皇室の慶事が延期や中止されたことはこれまでも少なくない。昭和天皇は皇太子時代の一九二三年、関東大震災の発生を受けて、香淳皇后との結婚を翌年に延期した。二〇〇四年に婚約が内定した黒田清子さん（紀宮さま）は、同年十月の新潟県中越地震の発生を受けて内定発表を延期した。

二十二日の「即位礼正殿の儀」のほか、二十九日には即位を祝う祝宴「饗宴の儀」に全国の知事も招待されていたが、台風19号の影響で堤防決壊など大きな被害を受けた十二都県の知事のうち約半数の知事が出欠について「未定」「検討中」などと回答した（十月十七日付東京新聞朝刊）。災害対応のため、両日の予定が直前まで確定しないことが主な理由とされ、識者の間からも「今回の台風被害への対応は、代替わり後の新天皇、皇后両陛下の試金石ともなろう」（小田部雄次静岡福祉大学名

「祝賀御列の儀」で即位を祝う沿道の人々に応えられる両陛下（2019年11月10日。共同通信社提供）

誉教授）との声も出ていた。

宮内庁が両陛下の被災地お見舞いのお気持ちを発表してから、官邸とどのようなやり取りがあったかは、審《つまび》らかにされていない。ただ、政府は両陛下の意向も踏まえつつ、被災地の状況も判断して常識的な判断を下したはずだ。

十一月十日に延期された祝賀パレードは雲一つない晴天の下、同日午後三時から予定通り実施され、皇居・宮殿からお住まいの赤坂御所までの約四・六キロの沿道には約十一万九千人が詰めかけた。「パレードの延期は正解だった」。多くの国民もそう受け止めたのではないだろうか。

第7章 大嘗祭――「秘事」で包まれた祭祀をめぐる葛藤

暗闇に浮かぶ幻想世界

皇居・東御苑に造営された「大嘗宮《だいじょうきゅう》」。皮付き丸太を使った黒木造りの殿舎《でんしゃ》をつなぐ回廊を、松明《たいまつ》の薄明かりが照らす。最も格式の高い「御祭服《ごさいふく》」という白い束帯を着た天皇陛下の姿が浮かび、静寂の中、脂燭《ししょく》の明かりに導かれ、ゆっくりと歩みを進めた――。

二〇一九（令和元）年十一月十四日夜から十五日未明にかけて行われた大嘗祭の中心儀式「大嘗宮の儀」。その前半にあたる「悠紀殿供饌の儀《ゆきでんきょうせんのぎ》」で繰り広げられる幻想的な世界に、大嘗宮の建物群を囲む高さ一メートルの柴垣《しばがき》の外にある左右二つのテント小屋の「幄舎《あくしゃ》」に列席した参列者は、じっと目を凝らした。

暗闇の中、大嘗宮の奥にある「廻立殿《かいりゅうでん》」を出た陛下が脂燭を持つ侍従の先導で、長い回廊に姿を見せた。陛下の頭上には、鳳凰《ほうおう》のかざりの付いた「御菅蓋《おかんがい》」と呼ばれるかさを侍従がかざす。「三種の神器《じんぎ》」の剣と璽《じ》（勾玉《まがたま》）を持つ別の侍従が前を進む。午後六時半すぎ、陛下が

悠紀・主基両殿の内部のイメージ図

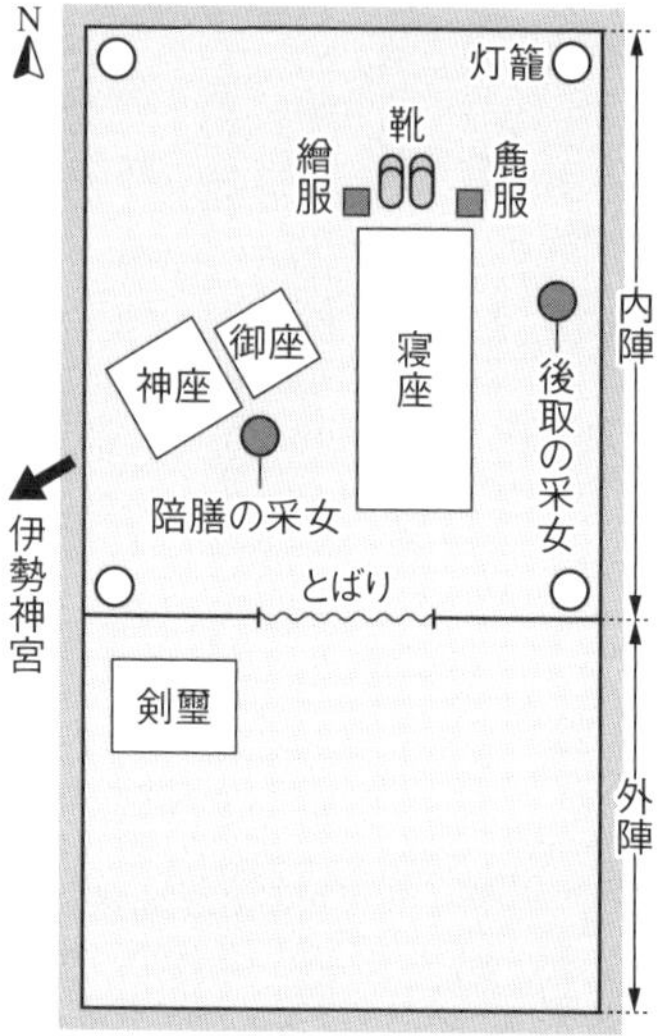

（東京新聞提供）

悠紀殿に入り、「神」と対座する「供饌の儀」が始まった。その後、皇后雅子さまは「大垂髪《おすべらかし》」の髪形に純白の十二単《じゅうにひとえ》をまとい、女官に付き添われて「帳殿《ちょうでん》」と呼ばれる建物に入り、「悠紀殿」に向かって拝礼して退出した。

　まもなく、冷たく張りつめた空気に掌《しょう》典職《てんしょく》の男性が発する「オーシー」という掛け声が響き、神楽歌が流れた。陛下は内陣《ないじん》と呼ばれる奥の部屋に着席すると、栃木県の「斎田《さいでん》」という田んぼで収穫されたコメなど、供え物の「神饌《しんせん》」が次々と運び込まれた。

　陛下が天照大神《あまてらすおおみかみ》と全ての神々に「神饌」を供えるという悠紀、主基《すき》両殿の内陣の様子は「秘事」とされ、非公開だ。大嘗祭に詳しい国学院大学の岡田莊司《しょうじ》名誉教授によると、歴代の天皇は、采女《うねめ》と呼ばれる女官が運び入れたコメやアワ、魚や果物などの供え物を竹箸で柏《かしわ》の小皿に取り分け、神前に供える。その所作は一時間二十分ほど続いた。

　最後に拝礼して、日本古来の大和言葉で記した「御告文《おつげぶみ》」を読み上げ、お供えのコメなどを自ら食べる「直会《なおらい》」が行われた。午後九時十五分すぎ、陛下は悠紀殿を退出し、前半の儀式を終えた。

「何も見えなかった」平成時の大嘗祭

このあと、陛下が再び、「大嘗宮」の回廊に姿を見せたのは、十五日午前零時半ごろ。今度は「悠紀殿」の西隣の「主基殿《すきでん》」で儀式の後半にあたる「主基殿供饌の儀」に臨んだ。「主基殿」には、京都府の「斎田」で収穫されたコメなどの「神饌」が運び込まれ、陛下は「悠紀殿」と同様、神々にコメなどを供えた上で自らも食べ、国と国民の安寧と五穀豊穣《ごこくほうじょう》を祈った。

主基殿での儀式が終わったのは午前三時十五分ごろ。皇居の一角は深夜になるにつれてしんしんと冷え込み、四百二十五人の招待客の多くは防寒姿で儀式の様子を見守った。

二十九年前、同じく幄舎の末席で現場取材した先輩記者や参列者の話では、天皇が廻立殿から悠紀殿へと回廊を進む行列も、帳殿で拝礼する皇后の姿も、神饌を運ぶ采女や掌典職の人影も全く見えなかったという。参列者から「何も見えない」との不満が噴出し、私語も絶えず、静謐《せいひつ》さが保たれなかったという批判も出た。

だが、今回はかがり火や松明のほか、発光ダイオード（ＬＥＤ）の電球の入った灯籠《とうろう》が照らす光の効果で、回廊を進む天皇、皇后の姿が肉眼でもぼんやりと確認できた。なによりも後で見たテレビの動画の鮮明さには目を見張った。カメラが格段と高性能化したおかげで、天皇、皇后の姿はもとより、脂燭という松明で足元を照らす侍従や天皇に差しかける「御菅蓋」を捧《ささ》げ持つ侍従、菅蓋から両側へ垂らした綱を持つ侍従、行列の前後で足元に伏して天皇の歩む道筋に「葉薦《はごも》」と呼ばれる敷物を敷いては後ろから巻き取る侍従など、役割に応じた幾人もの侍従たちの姿から表情までがくっきりと映り出されていた。

国家儀礼としての起源は七世紀末

大嘗祭は、皇位を象徴する神器を継承する旧践祚《せんそ》式（剣璽等承継《けんじとうしょうけい》の儀）、天皇に即位したことを内外に広く披露する即位式（即位礼正殿の儀）に続く皇位継承儀礼のクライマックス行事で、天皇が皇室の祖先である天照大神に新穀を中心とする「神饌」を初めて供え、自らも召し上がり、国家の安寧と五穀豊穣を祈る。奈良時代以前から行われていた収穫儀礼の新嘗祭《にいなめさい》に由来し、即位した天皇が初めて行う新嘗祭だ。皇位継承に伴う一世に一度の国家儀礼として七世紀末の天武《てんむ》天皇の時代に成立し、平安時代には基本的な形式が確立した。新嘗祭と同じ十一月の二番目の卯日《うのひ》に行われていた。

新嘗祭は都近くの直営田（官田）でとれた米を使うが、大嘗祭では「悠紀」地方と「主基」地方という二つの国郡を畿内の外から選び、そこから収穫された米を用いるのが特徴だ。また、新嘗祭が毎年、常設の祭場（神嘉殿《しんかでん》）で行われたのに対し、大嘗祭は臨時に特別の儀場である大嘗宮を造って営まれた。大嘗宮は「悠紀殿」「主基殿」の二つの神殿を中核とし、祭儀当日に天皇がこの二つの殿内で神饌を神に供え、自身も共食する。大嘗祭の本義とは、この二度の「神饌供饌」の儀式にあった。

大嘗祭が天皇の即位儀礼として重要だったことを示す資料も挙げておこう。

一つは、平安時代の法制史料『延喜式《えんぎしき》』（巻第一・四時祭上）によると、律令《りつりょう》下の祭祀《さいし》は、一カ月間潔斎《けっさい》して行う重要な「大祀《たいし》」から潔斎が三日間の「中祀《ちゅうし》」、一日だけの「小祀《しょうし》」に分類され、大嘗祭は唯一の「大祀」として「凡《およ》そ践祚大嘗祭、大祀となす」と記され、もっとも心身を清める期間の長い重要な神事とされた。

もう一つは、天文《てんぶん》十四（一五四五）年八月二十八日付の第百五代後奈良天皇（在位一五二六～五七）直筆の宣命《せんみょう》案にその一端が記されていた。

後奈良天皇は即位（践祚）十年後に大内義隆《よしたか》ら西国の戦国大名の援助で即位礼を挙行したが、大嘗祭を行うことはできなかった。即位二十年後に伊勢神宮に奉った直筆の宣命案の中で「大《だい》嘗会《じょうえ》悠紀・主基の神殿に自ら神供《じんく》を備えること其の節を遂げず、敢えて怠れるにあらず、国の力の衰微を思ふ故なり」（原漢文）とある。

大嘗祭が即位儀礼として重要な皇祖神祭祀であることを認識しながらも、実施できない現実を天照大神に説明し、許しを願い出ていた。応仁《おうにん》の乱《らん》以降江戸時代中期まで約二百二十年間、大嘗祭を中断していた時期があった。その時代の天皇の嘆きにも似た思いを代弁していた。

否定された折口信夫の「寝座秘儀説」

大嘗祭の中心儀式の「大嘗宮の儀」を五日後に控えた二〇一九年十一月九日。皇居・東御苑に造営された大嘗宮で、宮内庁職員による最後の総合リハーサル（習礼《しゅうらい》）が行われたが、本番を含めて儀式の様子が一切公開されない場所があった。

その代表格が主祭場となる「悠紀殿」と「主基殿」だ。この二つの神殿は同じ構造で、入り口側の「外陣《げじん》」と奥の「内陣」に分かれる。内陣は天皇陛下が皇祖神とされる天照大神と神々に神饌（神の食事）を供える部屋で、中央に畳表と坂枕、覆衾《おうふすま》（絹の布）を重ねた「寝座《しんざ》」が設けられる。足元付近には三河《みかわ》国（愛知県）から奉納された絹織物の「繪服《にぎたえ》」、阿波《あわ》国（徳島県）から奉納された麻織物の「麁服《あらたえ》」が安置され、沓《くつ》も置かれている。ここは天照大神が休む場所とされた。

寝座の西側には陛下が座る畳の御座《ぎょざ》があり、そこから伊勢神宮のある南西の方角に向かって「神座」が設けられる。内陣に入るのは、陛下と「采女」と呼ばれる手伝いの女官二人だけ。外陣には侍従長や八人の采女らが控える。密室でどのような神事が行われるかは「秘事」とされている。

九十年前の昭和の大嘗祭の際、民俗学者の折口信夫《おりくちしのぶ》は、『大嘗祭の本義』（一九三〇年）を著した。『古事記』などの神話から連想し、「新天皇が寝座で覆衾にくるまれることで『天皇霊』を身につける」とする「真床覆衾《まとこ》」論を唱えた。大嘗祭を秘儀とする「寝座秘儀説」だ。戦時中の国定教科書には「天照大神と天皇が一体となる神事」として掲載された。天皇が現人神《あらひとがみ》だった戦争末期の時代の国威発揚に利用された。

戦後のオカルトブームもあって折口説は影響力を持ち続けたが、三十年前、国学院大学の岡田荘司名誉教授は、寝座について「天皇でさえ入ることはできない場所だ」と論じ、天皇が神格を得るとする秘儀説を否定した。また、神に食事を供した後、天皇が食事する際に、神に対し頭を下げ、「おお」と発声する称唯《いしょう》を行っている。これは、下位の者が上位の者に対して応答する所作で、「天皇が神と一体になることはあり得ない」と指摘した。

宮内庁も前回の大嘗祭で折口説を否定した。内陣で行われるのは国の安寧と五穀豊穣を祈る儀式であると明言したが、この儀式で天皇が具体的に何をしているのかは一切明らかにしない。

二つの殿内では何が行われているのか

岡田名誉教授は、平安時代の貴族の日記など多くの文献を読み解くなどして、内陣で行われている実態に迫った。それによると、①神饌を供える②拝礼してお告げ文を読む③神と共に食する直会――の三段階があり、それぞれの内陣で過ごす約二時間半のうち、一時間二十分は①の神饌を神々に供える動作に充てられるという。

内陣に入った天皇は、土器の「多志良加《たしらか》」から注がれた水で手を清めた後、天皇が座る御座に向かい合う「神座」に、神饌を供えるための敷物「神食薦《かみのすごも》」と天皇の御膳を並べる敷物「御《おん》食薦《すごも》」が敷かれる。外陣に控える采女から「陪膳《ばいぜん》采女」と呼ばれる女官に手渡された神饌は、次々と「御食薦」に並べられた。神饌は、コメ、アワ、魚や果物、アワビの煮物、海藻などが柏の葉で作った箱「窪手《くぼて》」に盛られている。天皇は竹をピンセット状に曲げて作った竹箸を使って、「窪手」から三個ずつ柏の葉で作った丸皿「平手《ひらて》」に移して神座の前に並べていく。この間、天皇は正座のままで、箱から皿へ移す回数は五百回を超える。「作業は休む暇もなく、かなりの重労働だ」と岡田名誉教授は推察する。

折口信夫の「寝座秘儀説」は三十年前に否定された。大嘗祭の本義は二つの殿内で神饌を神々に供え、自らも共食し、国と国民の安寧と五穀豊穣を祈るという位置づけにも変わりはないが、宮内庁は「秘事」を理由に、今回も神事の舞台となった悠紀殿、主基殿などは非公開とした。

大嘗祭の現代的意義とは何か。岡田名誉教授は二つ挙げた。大嘗祭では、粟（アワ）御飯の供膳は「秘事」とされ、古代ではアワは飢饉《ききん》など非常時の備蓄のため義倉《ぎそう》に収められていた。また、大嘗祭が始まった古代では、大陸から渡来した外国人も、国土繁栄に寄与した。「国家と国民の生活安定のためには、アワの生産と備蓄は不可欠の重要事項であった。自然災害を鎮め、五穀豊穣を祈る大嘗祭は、外国人も含め日本に住む人々の共通の願いであり、その思いは古代にも現代にも通じる」と指摘する。「偏狭な日本主義」からの脱却の思いも感じる。

亀の甲羅でコメの産地を占う「秘儀」

大嘗祭の実施時期は、天皇が神々に供える新穀を供給する斎田を設定するため、新天皇の践祚が七月以前の場合はその年の十一月、八月以降ならば、翌年の十一月と定められていた。ただし、先帝の逝去に伴う践祚の場合は、一年の諒闇《りょうあん》明けを待たなければならない。このため、昭和天皇の逝去に伴う代替わりであった平成の時は、喪が明けた翌一九九〇年一月から準備に入った。今回は退位に伴う代替わりのため、五月から順次関連行事に着手し、五カ月強で大嘗祭の実施にこぎ着けた。だが、その準備には稲作と密接不可分の関係があるため、一定の時間と人手を要することに変わりはなかった。

大嘗祭の主要儀式は、神饌用の米を生産する産地（斎田）の「悠紀国」と「主基国」を亀卜《きぼく》で決める「斎田点定《さいでんてんてい》の儀」が出発点だ。亀卜とはアオウミガメの甲羅を将棋の駒形に加工した

明治以降の斎田選定地

	主基斎田	悠紀斎田
明治	❶ 千葉県鴨川市	① 山梨県甲府市
大正	❷ 香川県綾川町	② 愛知県岡崎市
昭和	❸ 福岡県福岡市早良区	③ 滋賀県野洲市
平成	❹ 大分県玖珠町	④ 秋田県五城目町
令和	❺ 京都府南丹市	⑤ 栃木県高根沢町

（東京新聞提供）

ものを火であぶり、亀裂の具合により判定する神事だ。

宮内庁によると、「斎田点定の儀」に用意されたアオウミガメの甲羅（縦二四センチ、横一五センチ、厚さ一ミリ）は将棋の駒形に薄く加工した八枚で、掌典が上溝桜（ウワミズザクラ）の木を火鉢にくべて一枚ずつあぶり、ひび割れ具合で吉凶を判断し、「吉」と出た都道府県を選ぶという。だが、亀裂の読み解き方など具体的な占い方法は「秘儀」として明らかにされていない。

同庁によると、平成の儀式の際に亀甲の制作を手がけた加工業者が廃業したため、占いに使うアオウミガメの甲羅の確保が最大の課題だった。アオウミガメは絶滅の恐れがあり、国際的な取引を規制するワシントン条約などで保護対象になっている。同庁は二〇一八年一月、国内最大のアオウミガメの繁殖地で、東京都がアオウミガメの食肉用の捕獲を許可している小笠原村に協力を依頼した。村ではアオウミガメの保全や研究を行っており、同庁は昨年秋、村から八匹分の甲羅を購入した。荒川区のべっ甲職人森田孝雄氏に加工を依頼し、二匹の甲羅から占い用の亀甲十枚を制作した。森田氏は「次回の儀式のため、この経験を記録して若手職人に継承したい」と話している。

昭和の代替わりにかかわった川出清彦元皇学館大学教授（故人）の著書『祭祀概説』によると、昭和の時は、東の悠紀地方、西の主基地方の候補地としてあらかじめ三県ずつ選び、昭和天皇がさらに二県ずつ絞り込んで亀卜に臨んだとされる。この中で、川出氏は「人事を尽くし、最後の判断を神意で決するのが、亀卜の本領」と記していた。平成の代替わりの準備にかかわった元宮内庁掌典補の三木善明《そうぎ》氏は「先輩から聞いた話」と前置きした上で「斎田も四十七都道府県全部を亀甲で占うわけではない。これまで選ばれた都道府県を除外するなどして、候補地をあらかじめ数カ所に絞り込んだ上で、亀卜を行って選定していただろう」と話す。

緊張の連続だった「大田主」

こうした占いで選ばれた「斎田」の変遷をみてみよう。江戸時代以前では、主に「悠紀」地方が近江国《おうみ》（滋賀県）、「主基」地方は丹波国《たんば》（京都府、兵庫県）などにほぼ固定され、国の中の郡から「斎田」を亀卜で選んできた。明治の時に初めて関東甲信越地方を選定し、大正の時には「斎田」が全国に拡大した。

そして、一九九〇年の平成の時は、皇居で行ったため、東日本の「悠紀」地方は新潟、長野、静岡以東の十八都道府県、西日本の「主基」地方は三県より西の二十九県に変更され、亀卜の結果、それぞれ秋田県、大分県が選ばれた。今回は、栃木県高根沢町、京都府南丹市が選ばれた。それぞれの斎田は「悠紀田《ゆきでん》」、「主基田《すきでん》」、地元農協を通じて選ばれた生産農家は「大田主《おおたぬし》」と呼ばれた。

「東北の一農家がスポットライトを浴び、無我夢中でした」

平成の大嘗祭で「悠紀田」に選ばれた秋田県五城目町《ごじょうめまち》の農業伊藤容一郎氏は二〇一九年秋、東京都内で開かれた「ゆき・すきサミット」で、こう振り返った。サミットは、明治以降、悠紀田、主基田に選ばれた全国八自治体の関係者らが集う集会で、「大田主」で参加したのは伊藤氏だけだった。

伊藤氏に秋田県農協中央会幹部から大田主の打診があったのは、稲刈りの一カ月ほど前の一九九〇年八月下旬だった。五十一歳だった伊藤氏は地元で篤農家として知られ、品種改良された「あきたこまち」の栽培にも熱心だった。当時は大嘗祭に反対する過激派のゲリラ活動が活発化しており、一カ月前に秋田県護国神社が放火される事件なども起き、収穫までの間、大がかりな警備体制が敷かれた。斎田で収穫した約二百十七キロの新米は、テロを警戒して東京まで空輸された。伊藤氏は「当時は今と違って、天皇制反対の運動が盛んで、責任の重大さに緊張の連続でした」と振り返り、「良かったことは『あきたこまち』を知ってもらうことができた。令和の悠紀田、主基田が決まったことで、私の役目も終わった」と安堵《あんど》した表情を見せた。

大規模化は明治から

大嘗祭の中核施設「大嘗宮」は、中心祭場の「悠紀殿」と「主基殿」、天皇、皇后が潔斎や着替えを行うための「廻立殿」などの主要三殿を含む大小三十の建物から構成されるが、現在のように大規模になるのは明治時代からだ。

別表の「大嘗宮の主要施設規模比較表」は、宮内庁などに保存されている図面などを基に、主要施設の悠紀殿、主基殿の床面積を時代ごとに集計して作成した。これをみると、少なくとも悠紀、主基両殿の合計面積は、江戸時代以前に比べて倍増しているのがわかる。大嘗宮の敷地面積も、江戸時代は約五〇〇平方メートルだったが、明治になって四倍、大正・昭和では約四〇〇〇平方メートルと八倍に広がった。

宮内庁によると、仮設の大嘗宮の設営場所は、大嘗祭が中断する室町時代以前は、宮城《きゅうじょう》の正庁で即位礼や大嘗祭などの儀式を営む「朝堂院」（八省院）の敷地が原則で、大嘗宮を囲む柴垣内の敷地面積は約二八〇〇平方メートルとされた。平安時代末期の治承元（一一七七）年に

大嘗宮の主要施設規模比較表

時代	設営場所	主基殿・悠紀殿
奈良	朝堂院	各56㎡（計112㎡）
平安	同上	各56㎡（計112㎡）
江戸	紫宸殿前庭	各49㎡（計 98㎡）
明治	皇居・吹上御苑	各132㎡（計264㎡）
大正	京都・仙洞御所	各111㎡（計222㎡）
昭和	同上	各111㎡（計222㎡）
平成	皇居・東御苑	各109㎡（計218㎡）
今回	同上	各109㎡（計218㎡）

※（　）内は、主基殿・悠紀殿合計の床面積

（東京新聞提供）

朝堂院が焼失後もその跡地に大嘗宮が造られていたが、江戸時代の東山天皇（在位一六八七～一七〇九）の時に大嘗祭が再興された以降は、天皇のお住まいの内《だい》裏《り》の紫宸殿《ししんでん》前庭に設営された。明治天皇（在位一八六七～一九一二）の大嘗宮は、東京遷都後の一八七一（明治四）年、皇居・吹上《ふきあげ》御苑内の広大な敷地に造られた。その後、大正、昭和天皇の大嘗宮は、京都の仙洞《せんとう》御所に造られ、平成と令和の大嘗宮は、皇居・東御苑内だった。

大嘗宮の建物数の変遷をみると、平安時代初期の大嘗宮の建物数は悠紀殿、主基殿、廻立殿の主要三殿、神饌の料理をつくる膳屋《かしわや》、潔斎のための釜殿など十二だった。江戸時代の桜町《さくらまち》天皇（在位一七三五～四七）の時の大嘗宮は主要三殿など六だったが、明治になると、建物数が一気に五十七に膨れあがった。大正、昭和は四十弱で推移し、明治の大嘗宮が突出して建物が多いのは、大嘗宮の周辺の門を守衛する門番が待機する衛門幄《えもんあく》が二十八カ所も設営されたため

だ。平安期の大嘗宮から明治以降に引き継がれたものは、悠紀殿、主基殿、廻立殿、膳屋（二つ）だけで、いかに明治以降に数多くの建物が造られたかがわかる。

簡素だった江戸時代以前の大嘗宮

これに対し、江戸時代以前の大嘗宮は、簡素化な造りが特徴だ。

「江戸時代以前は、原始素朴なものが第一義だった。悠紀殿、主基殿もそれ以外の建物も茅葺《かやぶ》きで、床もなく、藁《わら》や草を敷いたもので、壁もむしろで覆い、藁葺き小屋みたいなものだった。古代から中世の時期には、豪華なものをつくろうとする発想はなかった」

大嘗祭に詳しい皇室研究家の高森明勅《あきのり》氏はこう指摘する。

江戸時代以前は、大嘗宮は五日間ぐらいで建て、大嘗祭が終わればすぐに取り壊すのが当時の慣《なら》わしだった。元宮内庁書陵部編修課長で昭和天皇記念館副館長の梶田明宏氏は「近代以前の大嘗宮の建物数は、明治以降に比べて少ない。古代から一貫してある建物は、悠紀殿、主基殿のほか、新天皇が身を清める廻立殿と膳屋ぐらい。悠紀、主基両殿は、もともとは高床式ではなく、奈良時代は地面に直接面し、むしろや竹を敷いて祭事を行う簡素なものだった。江戸時代前期に大嘗祭が再開したときは、財政的に幕府に依存していたため、紫宸殿の狭い庭で行うようになり、規模も縮小せざるを得なかった」と指摘する。

大嘗宮の構成

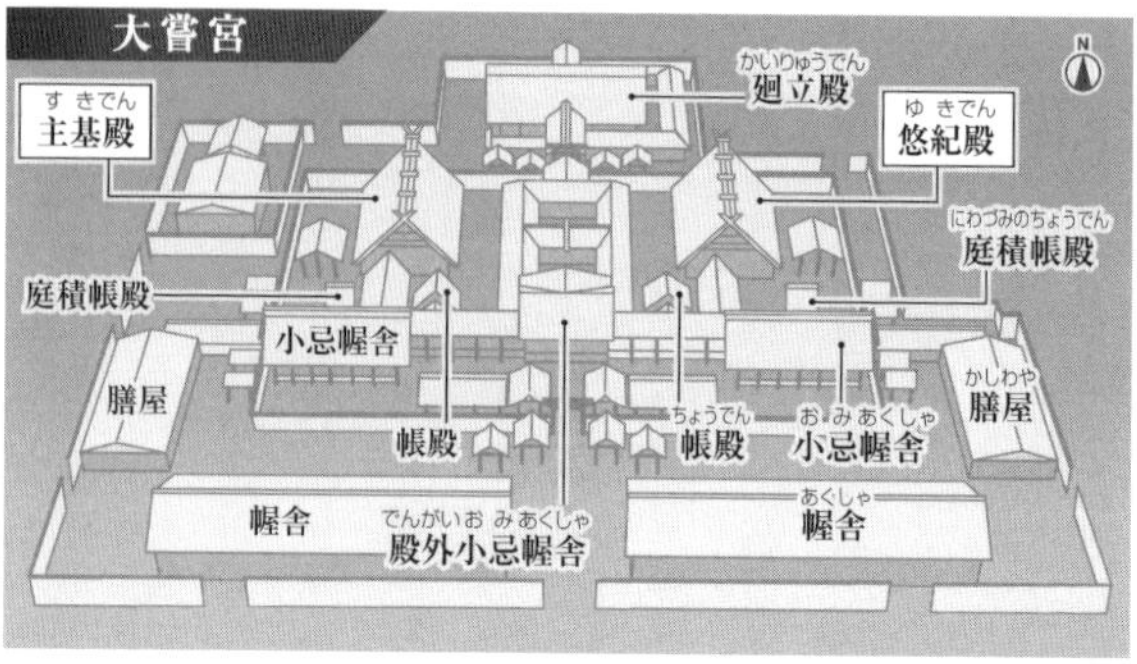

（共同通信社提供）

明治以降、大嘗宮が大規模化したのはなぜか。「神武《じんむ》創業《そうぎょう》への復古」と「祭政一致」をスローガンに掲げた明治新政府による大変革と不可分の関係がある。梶田氏は「ひとつには参列者の問題があったと思う。江戸以前は、諸役の公卿が中心だったが、明治以降は、勅任官など文武百官が参列し、そのための幄舎が設けられたのが規模拡大の要因だった」と指摘する。設営場所になった吹上御苑の敷地は広いし、大嘗宮の規模が大きくなることが可能となった。地方から特産品も展示する「庭《にわ》積《づみ》の机代物《つくえしろもの》」も行われるようになり、大正期の大礼以降全国に拡大した。

さらに、大正、昭和の大嘗祭は、明治期の旧皇室令の一つで、代替わり儀式を定めた登極令《とうきょくれい》に基づき、国の一大イベントとして行われるようになった。それまで参列のなかった皇后や女性皇族も参列することになり、大正の大礼以降、廻立殿も拡大し、皇后が拝礼する帳殿という殿舎なども新たに設けられた。戦後初の前回は、憲法の政教分離原則を考慮し、政府は直接関与せず、皇室行事としたが、大嘗祭の式次第や大嘗宮の規模は、登極令による前例を踏襲したため、壮大な大嘗宮設営費など多額な費用が必要となり、政府が国費でサポートすることにつながった。

消えた茅葺き屋根の保存論争

明治以降大規模、肥大化した大嘗宮だが、令和の大嘗祭では、前回より敷地面積を約二割縮小したことに加え、資材や工法の見直しを行い、悠紀殿や主基殿、廻立殿、いわゆる主要三殿の屋根を入手しにくい茅葺きから板葺《いたぶ》きに変更したことが特徴の一つだ。宮内庁は「大嘗祭の意義を損なわない範囲で見直しを行った」と胸を張った。しかし、大嘗祭を巡って最後まで論議を呼んだのは、皮肉にも大嘗祭の本義とも関係する茅葺き屋根の廃止の是非だった。

大嘗宮で平安時代から続く建物は、悠紀殿、主基殿、廻立殿の主要三殿と神への供え物を調理する膳屋のみ。古代から簡素な茅葺き屋根の建物が基本だったが、大嘗宮は前回、主要三殿に茅葺き屋根を残し、ほかは板葺き屋根に変えた。さらに今回、経費削減と実質三カ月余りの工期で確実に完成させるため、主要三殿の屋根も板葺きとする方式を決めた。茅葺きはススキなどイネ科の植物を使うが、良質の茅の調達は難しく、熟練技術者の不足と賃金の上昇に加え、工事中の風雨対策で建物を覆う素屋根《すやね》の設置も必要となる。

こうした宮内庁の方針に最初に異議を申し立てたのは、筑波大名誉教授で「日本茅葺き文化協会」（茨城県つくば市）代表理事の安藤邦広氏（建築学）だった。安藤氏は二〇一九年二月十一日付の神社新報に「日本は『豊葦原水穂国《とよあしはらのみずほのくに》』と称され、（略）茅葺きが稲作農耕と深く結びついていることの意味をあらためて考え直すよい機会」と指摘し、「（茅葺きが）途絶えることがあるとすれば、その文化的損失は計り知れない」と茅葺きの存続を求めた。八月末には自民党の「茅葺き文化伝承議員連盟」も政府に再考を働きかけた。

大嘗祭の千三百年の歴史で、大嘗宮から茅葺き屋根が姿を消すのは初めてとされる。古代から大嘗宮に欠かせない要素は、屋根は清浄さを象徴する茅葺きで、柱は皮付き丸太を使う黒木造りだった。大嘗祭の専門家や神社界からも、伝統を変えてしまうことへの懸念の声が指摘されていた。

宮内庁幹部は「茅の調達と職人の確保が難しく、台風や天候不順を考えると、変更はやむを得なかった」と振り返る。九月以降は大型台風が相次いで首都圏を直撃し、「茅葺きなら、風で飛ばされて工期が遅れた可能性があった」と話す。安藤氏は、平安時代の法典『延喜式』や『万葉集』の歌にも出てくる「逆葺《さかぶ》き」という簡易な茅葺き工法を宮内庁に提案してきた。同庁幹部は「今回は逆葺き工法の安全性を検証する時間はなかったが、次回以降はあらためて検討されるだろう」といい、将来の茅葺き屋根の復活に含みを残した。

千三百年の歴史を有する大嘗祭の歴史では、姿を消した伝統も少なくない。天皇が五千人余を引き連れて京都の鴨川で禊《みそぎ》を行う御禊《ごけい》行幸や大嘗祭の当日、「標《ひょう》の山」と呼ばれた飾り物の山車《だし》を引き回す儀礼をはじめ、大嘗宮の斎場で神饌の御酒を醸す童女の造酒童女《さかつこ》も明治とともに姿を消した。一方で、「庭積机代物」のように明治になって新たにつくられた伝統もある。

大嘗祭に限らないことだが、その分岐点は明治にあるように思う。必ずしも明治以降につくられた皇室の伝統を否定するつもりはない。だが、茅葺きのように大嘗祭の本義と密接な関係のある建築文化が消えていく一方で、明治末期に制定された旧登極令に沿う形で、天皇が現人神だった時代の産物ともいえる巨大な大嘗宮造営を金科玉条のごとく踏襲していくことが、果たして皇室の長い伝統といえるのだろうか。

「秋篠宮発言」の波紋

こうした大嘗祭への公費支出に疑問を呈したのは、ほかならぬ秋篠宮さまだった。代替わりを約半年後に控えた一八年十一月の誕生日会見で、宗教儀式の大嘗祭について、天皇家の私的費用の内廷《ないてい》会計で行うべきだとし、「身の丈にあった儀式」とするのが「本来の姿」であるとの持論を語った。また、その後、宮内庁に対し、皇居・宮中三殿にある「神嘉殿」を利用して経費を抑え、天皇家の私的活動費の「内廷費」で賄うよう提案していたことも判明し、波紋を広げた。

この秋篠宮さまの発言を巡っては、賛否両論が噴出した。憲法は天皇の国政関与を禁じているが、皇族についての明文規定はない。しかし、代替わり後に皇位継承順位一位の皇嗣《こうし》になることを考えれば、憲法で政治的権能を持たない天皇に次ぐ立場として、発言により慎重さが求められるのは当然だ。

むろん、天皇や皇族が発言したことで政治が動きだしてしまうことはあってはならない。ただ、今回の発言は、天皇が主宰する皇室行事として行われる大嘗祭について、当事者の一人でもある皇族が三十年来の持論を政府関係者に伝えたもので、そのこと自体に問題はない。皇嗣になった後の一九年の誕生日会見でも、大嘗祭の支出に関する質問に、「(昨年の考えに)変わりはない」としたが、具体的な言及は避けた。やはり一八年での会見が持論を示すぎりぎりのタイミングだったのかもしれない。

ここで重要なことは、具体的な提言の持つ意味だ。大嘗祭を巡っては、前回の「代替わり」のとき、国論を二分する大論争となった。政府は宗教色の濃い行事であるため、国の儀式として行えないが、憲法に皇位の世襲制を定めていることから「公的性格が強い皇室行事」と位置づけ、国費で儀式をサポートした。今回も前例を踏襲した。

秋篠宮さまが「内廷会計での対応」を提案した背景には、「宗教色が強い儀式を国費で賄うことが適当かどうか」という問題意識があったことは明らかだ。

前回の代替わりでは、即位の礼や大嘗祭など皇室関連行事への国費支出や自治体の関与を巡り、各地で違憲訴訟が起こされた。いずれも訴えは退けられたが、一九九五年の大阪高裁判決は両儀式への国費支出について「憲法の政教分離規定に違反するのではないかとの疑いは一概には否定できない」と違憲性が指摘された。

国を相手に儀式への国費支出の合憲性を争う集団訴訟は他になく、全国の千人以上が原告として参加した。原告側は「実質勝訴」として上告せず、判決を確定させた。このため国費支出の合憲性について最高裁の判断は出されていない。大阪高裁判決から二十四年を経て、政府は新天皇の大嘗祭を再び国費で行った。二〇一八年十二月、国費支出に反対する宗教者と市民約二百四十人が東京地裁に提訴し、最高裁まで争う構えだ。

発言の趣旨は、国民生活への影響を極力少なくしたいという上皇ご夫妻の姿とも重なる。天皇が憲法に定める象徴の地位を安定的に維持するためには、国民の理解と支持が不可欠であるからだ。

「莫大ノ経費」　柳田国男が苦言

もう一つの重要な点は、皇室の伝統にかかわる側面だ。政府判断のキーワードは本書第5章で見てきた通り、「憲法の趣旨に沿い、皇室の伝統を尊重したものとする」という方針だが、皇室の伝統とは何か、ということをこれまで十分に議論してこなかったのではないか。いわば、憲法に違反していなければ、国は儀式の中味には関与せず、皇室の伝統に任せるという考え方だ。

大嘗祭は飛鳥《あすか》時代の天武天皇以来、千三百年の歴史を有する。約二百二十年間の中断時期を含めてさまざまな天皇とその時代に込められた伝統があったはずだ。それを、明治末期に制定された登極令に基づく近代以降のわずか百年ちょっとの歴史を「皇室の伝統」とみなしてしまっていいのだろうか。

「秋篠宮発言」は、その本質的な命題をわれわれ国民に突きつけたともいえる。「大嘗祭自体は私は絶対にすべきもの」とも言っている。その上で、「ただそのできる範囲で、言ってみれば身の丈にあった儀式」が「本来の姿」と指摘した。「身の丈にあった儀式」とは、大嘗祭が成立した古代国家の時代も、皇室が衰微していた時代も行われていた日本古来の収穫農耕儀礼に根ざした儀式だ。茅や藁、草、黒木で造られた簡素な建物の中で、脈々と営まれてきた伝統、つまり天皇が即位後初めて国家と国民の安寧と五穀豊穣を祈る祭祀であろう。

日本民俗学の草分けで、大正の大礼使事務官を務めた柳田国男《やなぎたくにお》が後世への遺書として書き残した文書「大嘗祭ニ関スル所感」の中で、柳田は大正の大礼時の大嘗宮を「古例ヲ超過シタル大建築物」と批判した。

「今回ノ大嘗祭ノ如《ごと》ク莫大《ばくだい》ノ経費ト労力」がつぎ込まれたことで、「心アル者ヲシテ眉ヲ顰《ひそ》メシムル如キ結果」が生じたと記し、「大祭ノ精神ガ急造素樸ノ間ニ存セシコトヲ会得セザリシニ因《ヨ》ル」と苦言を呈している。儀式の華美と壮麗さという点では、一部簡素化したものの、令和の大嘗祭もそう大きくは変わっていない。

内廷会計での対応に立ちはだかる厚い壁

ただ、秋篠宮さまが提言している「内廷会計で行うべきだ」という趣旨の実現には、大きな壁が立ちはだかる。

内廷会計とは、天皇家の私的費用を賄う「内廷費」に加え、内廷費の余剰金や貯蓄額などの総額を指すとみられる。昭和天皇が亡くなった後に宮内庁が発表した遺産額は約二十億円だったが、これは葬儀や大嘗祭などの代替わり儀式の費用を内廷費から支出する事態に備えて貯蓄してきたものと元宮内庁幹部から聞いたことがある。当時はこれらの代替わりの儀式の費用が公費（宮廷費）から支出されるかどうか不確定な面があり、宮内庁の会計責任者は昭和天皇の指示も受けて私有財産を増やす努力も重ねていた。

しかし、こうした代替わり儀式の費用は、結果的に国費で行われたため、昭和天皇の遺産を含む内廷資産を充てる事態は回避された。昭和天皇の遺産と香淳皇后の遺産は、相続税や寄付金などを差し引いた上で、上皇さまが相続している。

今回の大嘗祭の公費支出は総額二十四億円余とされる。毎年支払われる内廷費は約三億二千万円。使途は、約三割を占める宮中祭祀を司《つかさど》る内廷職員（掌典職）の人件費のほか、日常の生活費や交際費などに充てられる物件費も細かく決まっている。したがって、次回の大嘗祭も今回と同じような規模の大嘗宮を造営して行えば、秋篠宮さまが言う「内廷会計で対応」は、「絵に描いた餅」になる。大嘗宮の規模を相当縮小するなどしない限り実現は厳しい。

そこで代案として考えられたのが、大嘗宮を新築せず、既存施設の神嘉殿を活用する案だ。これならば、神嘉殿で毎年秋に行っている新嘗祭の「夕の儀」と「暁の儀」に倣い、悠紀殿で行っていた「神饌供饌」を「夕の儀」として行い、終われば撤饌《てっせん》して、主基殿での神饌を「暁の儀」として行うことも可能だ。

しかし、この案にも大きなハードルがある。一つには、清浄な空間である「悠紀殿」と「主基殿」の新築が不可欠という大嘗祭の本義にかかわる伝統の扱いだ。伝統を重んじる保守派や大嘗祭の研究者にとっては、他の建物は別としても、奈良時代から続く悠紀、主基両殿の設営は絶対に譲れない線だ。妥協案とされるのは、天皇が身を清めたり、着替えたりする「廻立殿」を神嘉殿に見立て、神嘉殿の前庭に、茅葺き屋根と黒木造りの悠紀、主基両殿と膳屋など必要な建物を仮設し、そこで儀式を営む案もある。しかし、神嘉殿の前は狭く、よほど小さな建物でない限り物理的に困難だ。

象徴天皇にふさわしい儀式とは

もう一つの難問は、一連の代替わり儀式で、国が宮廷費で対応した皇室行事は、大嘗祭だけではない。即位関連の約三十の儀式のうち、宗教色のある皇室行事は二十三を数える。新嘗祭など通常の皇室行事は天皇家の私的活動費の「内廷費」で賄われている。しかし、代替わりの時だけは、同じ皇室行事であっても「毎年行う宮中祭祀とは違い、皇位継承に伴う公的性格に鑑み、国費である宮廷費を充てる」（元政府高官）というのが政府の考えだ。

今回も前回同様、大嘗祭だけでなく、関連する皇室行事についても一括して宮廷費を充てた。即位礼関連を含め総額三十六億円を見込むが、このうち大嘗祭の支出総額だけで約二十四億四千万円にのぼる。内訳は大嘗宮の設営費（約十六億三千万円）、儀式の用品・装束代など四億八千万円、「大饗《だいきょう》の儀」一億五千八百万円、「その他」の儀式関連経費約七千万円などだ。

こうした大嘗祭に関連する皇室行事についても、内廷会計で対応するというのであれば、旧登極令通りの儀式立てをすべて撤回しない限り、不可能に近い。たとえば、今回、開催回数を三回から二回に減らした「大饗」だけでも二億五千八百万円だ。また、宮殿で行われた「勅使発遣《はっけん》の儀」など一連の大嘗祭に関連する皇室行事の儀式関係の諸経費は約七千万円。大嘗祭以外の代替わり関係では、即位礼や大嘗祭が終わったことを、伊勢神宮や神武天皇陵や昭和天皇以前の四代の天皇陵に報告する「親謁《しんえつ》の儀」も、随行する職員の交通費や宿泊費を含めると、予算ベースで二億円を超える費用がかかる計算だ。

一般の家庭ならば、結婚や定年の報告を兼ねた先祖へのお墓参りに行く費用は当然ながら私費だ。だが、代替わりの儀式では、通常、内廷費で対応していた皇室行事についても国費を充当した。そのことを、あなたは賛成ですか、反対ですか、と、秋篠宮さまの「身の丈」発言は問いかけているようにも思える。実際、秋篠宮ご夫妻が、二〇年四月下旬から五月上旬にかけて予定していた伊勢神宮や神武天皇陵などに参拝する儀式の費用については、秋篠宮さまの意向も踏まえ、宮家の生活費である「皇族費」で対応することが明らかになっている。参拝自体は延期となったが、自らの襟《えり》を正し、「身の丈」発言以来の筋を通したようにも思える。

現憲法下における象徴天皇にふさわしい儀式のありようとは何か。これまでの形を今後も踏襲していくだけでいいのか否か。このことは、皇室の伝統をどうみるのか、を抜きにしては語れない。皇室を考えることは、自らを考えることに通じる。次の世代に残された課題ともいえる。

第8章 立皇嗣の礼——次代の皇位継承の行方を見据えて

「立太子の礼」に準拠

秋篠宮さまが皇位継承順位一位の皇嗣《こうし》になったことを天皇陛下が国の内外に明らかにする「立皇嗣宣明《りっこうしせんめい》の儀」は、当初、二〇二〇（令和二）年四月十九日に予定されていたが、新型コロナウイルスの感染拡大の状況をふまえ、政府は延期を決定した。一九九一（平成三）年に行われた陛下（当時は皇太子）の「立太子の礼」に準拠する形で、「宣明の儀」と、皇嗣として天皇、皇后に会う「朝見《ちょうけん》の儀」などが予定されていた。

これらの一連の儀式は「立皇嗣の礼」と呼ばれるが、どのような儀式なのか。政府が参考にする「立太子の礼」からみてみよう。

「立太子の礼」は皇嗣である皇太子の地位を天皇が内外に明らかにする儀式で、直近の例では、陛下が満三十一歳の誕生日である一九九一年二月二十三日、皇居・宮殿で行われた。戦後二回目の立太子礼の中心儀式は「立太子宣明の儀」で、午前十一時、宮殿の正殿「松の間」で行われた。陛下は黄丹御袍《おうにのごほう》と呼ばれる束帯姿、上皇さまは黄櫨染御袍《こうろぜんのごほう》、上皇后美智子さまは五衣《いつつぎぬ》、唐衣《からぎぬ》、裳《も》の十二単《じゅうにひとえ》で臨んだ。陛下が参進すると、上皇さまは徳仁親王が皇太子であることを内外に宣言し、海部俊樹首相（当時）がお祝いを述べた。松の間には、内閣総理大臣をはじめ三権の長、閣僚、駐日大使など約三百人が参列した。

「立太子宣明の儀」の後、表御座所「鳳凰《ほうおう》の間」へ移り、上皇さまから陛下に皇太子の証《あか》しとされる「壺切御剣《つぼきりのぎょけん》」が渡された。

午後二時から松の間で行われた「朝見の儀」は、陛下が上皇ご夫妻にまみえ、礼を述べる式だ。二十四、二十五の両日は宮殿・豊明殿で「宮中饗宴《きょうえん》の儀」が計三回開かれ、内外から約千三百人が招待された。その後、二十六日に三重県伊勢市の伊勢神宮、二十七日奈良県橿原《かしはら》市の神武天皇陵、さらに二十八日に東京都八王子市の昭和天皇陵をそれぞれ参拝し、皇太子になったことを報告した。これらの儀式のうち「宣明の儀」など三つの儀式は、憲法第七条の天皇の国事行為として行われた。

今回の秋篠宮さまの立皇嗣の礼も、基本的には平成の時の立太子の礼の前例に倣って、「宣明の儀」など三つの行事が国事行為として行われる予定だった。

前例ない「立皇嗣の礼」

現在では、天皇家の長男は生まれながらにして「皇太子」であり、皇位継承順位の第一位の皇嗣だが、江戸時代以前は天皇が複数の候補者の中から皇太子を決めており、長男が必ずしも後継者とは限らなかった。このため、「立太子の礼」を行って皇太子を正式に決定することには重要な意味を持っていた。

しかし、南北朝時代から三百年余り途絶えていた「立太子の礼」が江戸時代になって復興された後は、すでに立太子に先立って後継者指名の儲君治定《ちょくんじじょう》が行われ、さらに明治以降は、皇室典範で定められた皇位継承順位に従って皇太子が決定されているため、立太子の礼は名目的かつ儀礼的なものとなった。

明治以降、「立太子の礼」を挙げたのは、大正天皇、昭和天皇、上皇さま、天皇陛下の四例あるが、一九〇九（明治四十二）年に制定された「立儲令《りっちょれい》」に基づいて行われたのは、一九一六（大正五）年の昭和天皇の立太子礼だけだった。「立儲令」は立太子にまつわる詳細を定めた皇室令の一つで、一九四七（昭和二十二）年に廃止されたため、皇室典範にも規定がない「立太子の礼」は法的根拠がない。さらに、「立皇嗣の礼」に至ってはそもそも前例もない。

「壺切御剣」と昇殿

「壺切御剣」の親授は戦前、国の儀式として宮中三殿で行われていたが、戦後は政教分離に配慮して国の儀式から分離されて皇室行事として行われた。そもそも壺切御剣とは何か。

「三種の神器」が天皇の皇位の証しとされるのと同様、壺切御剣は皇太子の「護り刀」とされる。政府は「皇位とともに伝わるべき由緒ある物」の一つとしている。

皇嗣であるという皇太子の地位を公示する立太子礼当日、皇太子のしるしとして伝えられる剣で、毎年、新嘗祭には東宮《とうぐう》侍従がこの剣を捧《ささ》げて、斎殿に拝礼する皇太子に従う。八九三年、第六十代醍醐《だいご》天皇（在位八九七〜九三〇）が皇太子となって初めて参内したとき、父の宇多《うだ》天皇（在位八八七〜八九七）が関白藤原基経《もとつね》から献上されたこの剣を皇太子の護り刀として授けたのが始まりと伝えられる。この剣について、宮中の御剣係であった今村長賀が、一九一一（明治四十四）年の『刀剣会誌』の中で、「無銘ニテ延房ニアラズ（略）千年前ノ古作ナリ」と記している。作者の名が刻まれていないが、剣の拵《こしら》えは太刀づくりで、刀身の長さは「二尺五分」（約七五センチ）ほどという。皇太子は常に手元に置き、皇位継承後、次の皇太子に伝達されることになっている。

「立皇嗣宣明の儀」と「壺切御剣」の親授を済ませると、秋篠宮さまと紀子さまは、皇居・宮中三殿の殿上に昇ることができるようになる。このことを「昇殿《しょうでん》」という。一般の皇族方は宮中三殿の庭上からの参拝で、これまで昇殿が許されていたのは天皇（上皇さま）、皇后（上皇后さま）、皇太子（天皇陛下）、皇太子妃（皇后雅子さま）の四人だった。「立皇嗣宣明の儀」以降は両陛下と秋篠宮ご夫妻が対象となる。

問われる皇位の安定継承

しかし、宮中祭祀にかかわる昇殿と皇位継承に関することは次元の異なる別問題だ。

現行の皇室典範では「皇位は、皇統に属す男系の男子が、これを継承する」（第一条）と定めており、皇位継承順位一位の秋篠宮さまが次の皇位継承者となる。しかし、秋篠宮さまは天皇の子ではなく、弟であるため、皇太子ではなく皇嗣と称する身位だ。

皇太子と皇嗣とはどう違うのか。皇室典範では、皇位継承順位一位であり、かつ天皇の子を皇太子としている。皇嗣となった秋篠宮さまについては、退位特例法で「皇太子の例による」（第五条）と定めており、皇太子と同様、皇籍を離脱できない立場となった。しかし、直系継承優先の皇室典範の規定では、次の天皇であることが確定している皇太子と違い、皇嗣の場合、その時点で皇位継承順位一位であっても、次の天皇になることが確定していない。つまり皇位継承順位が暫定一位という不安定な立場だ。皇嗣であっても過去に天皇に即位できなかった例もあった。

昭和天皇が即位してから七年間、皇子に恵まれず、昭和天皇の弟の秩父宮が皇嗣だった時期があったが、「立皇嗣の礼」に相当する儀式は行われていない。皇太子の立太子礼を定めた立儲令（一九四七年廃止）で皇太子以外の皇嗣の儀式についての規定がなかったからだが、のちに昭和天皇にとって最初の皇子の継宮《つぐのみや》明仁親王（上皇さま）が誕生して皇太子となったことから、秩父宮は皇嗣でなくなった。

また、上皇さまの退位を認めた皇室典範特例法の付帯決議で、政府は現在、安定した皇位継承のための対策が求められている。メディアの各種世論調査などでは女性天皇を支持する声は圧倒的に高く、今後の安定的な皇位継承策に関する議論次第では、秋篠宮さまが次の皇位継承者にならない選択肢もあり得る。

付帯決議が求めているのは、女性・女系天皇を含む「安定的な皇位継承を確保するための諸課題」や、女性皇族が結婚後も皇室にとどまれる「女性宮家」の創設などについて速やかな検討結果の報告だ。しかし、政府の動きは鈍い。一連の即位礼後の「（一九年）秋以降」の検討開始を明言していた菅官房長官は二〇年春の「立皇嗣の礼が終わってから」と先延ばしを図った。

背景には、安倍政権を支持する保守派には、男系男子による皇位継承の継続を求める声が強く、女性・女系天皇への警戒感がある。

「立皇嗣の礼」について、政府は一連の皇位継承儀式の一環と位置づけ、旧立儲令に基づく皇太子の「立太子の礼」に準じて実施する予定だが、そもそも「立太子礼」と旧登極令に基づく一連の皇位継承儀式とは性格が異なる。

前例のない皇嗣のお披露目である「立皇嗣の礼」を国の儀式として行えば、次の天皇は秋篠宮さまに確定したと誤信する国民も少なくないはずだ。皇位継承の有資格者を「皇統に属する男系の男子」のみに限定する現行の皇室典範では、この規定を変えない限り、秋篠宮さまと長男で同順位二位の悠仁さまの二代先までの継承は変わらない。しかし、その先も必ず男子を得られるという保証はない。「立皇嗣の礼」を先行して行うことで、男系男子に限定した皇位継承の既成事実化を図っていると、政府の対応をいぶかる声もある。

本来なら、「立皇嗣の礼」を行う前に、女性天皇、女系天皇も含めて皇位継承順位をどうするのか、を議論することが筋であろう。既成事実を積み重ねるような形での議論の先送りは、選択肢を限りなく狭めるだけだ。問われているのは、皇位の安定継承という皇室制度の根幹にかかわる重要な課題を先送り続けてきた政治の不作為といえる。

あとがき

私が宮内庁を最初に担当したのは一九九八年のことだった。当時の社会部長から「今年夏に英国、デンマークを公式訪問される天皇・皇后両陛下の同行取材に行ってくれないか」と声がかかった。九二年に東京本社社会部に配属後、警視庁捜査二・四課担当を皮切りに、ゼネコン（総合建設会社）汚職事件、二信組事件、住専（住宅専門金融会社）事件、大蔵・日銀接待汚職事件など、来る日も来る日もバブル経済崩壊後の大型経済事件の取材に明け暮れていた当時の私のことを少しは気にかけてくれたのか、はたまたこうした事件取材と百八十度違う世界を見てこいという親心だったのか。しかし、そんなことはどうでもよく、二週間にわたって平成の天皇・皇后（現上皇ご夫妻）に同行した初めての外国訪問取材は何もかも新鮮だった。戦後五十年を経てなお、第二次世界大戦の傷跡に真摯に向き合うご夫妻の姿に感銘を覚え、「皇室にはこのような（国際親善という）チャンネルがあったのか」ということを初めて知った。天皇が動くと歴史が動くということも実感した。

二回目の宮内庁担当は、警視庁キャップなどを務めた警察取材（三年）を終えた二〇〇二年春。米国がテロとの戦いに突入し、世界が分断と排外主義に向かう契機となった米中枢同時多発テロ事件（9・11）の翌年だった。当時の皇太子ご夫妻（現天皇、皇后両陛下）に待望の長女愛子さまが生まれてまもないころで、一番印象に残ったのは、ご夫妻そろっての記者会見で「本当に生まれてきてありがとうという気持ちでいっぱいになりました」と言って涙ぐむ雅子さまの肩に、そっと手を添えられた皇太子さまの姿だった。水面下ではさまざまなことが起きていたのかもしれないが、当時の私には、皇室が平和な時代だったように思えた時期だった。

あれから十三年。定年を間近に控え、もう皇室を担当することはないだろうと思っていた一六年夏、私にも応援要請がかかった。久しぶりに訪れた宮内記者会（新聞社、通信社、テレビ十五社で構成）のある宮内庁舎二階の一角は、まるで戦場のような雰囲気を呈していた。同年八月八日のビデオメッセージによる「おことば」以来、常駐記者は一社当たり最大四人まで膨れあがり、机が各社分二つずつしかない席に入りきれない記者がクラブ応接室や廊下にあふれかえっていた。

「まるで事件官庁のようだな」。内心そう思いつつ、昼間でも薄暗い庁舎内の廊下沿いの幹部の部屋を回り始めたが、やり取りの多くは禅問答だった。「禅問答」……。とっくに忘れかけていたあの妙に懐かしい感覚に襲われた。

取材用の大学ノートはいつの間にか五十冊を超え、取材で会った関係者も、三十年前の代替わりを知る宮内庁ＯＢや識者も含めると百人近くになった。しかし、断片的な未確認情報は増えるものの、全体像の溝はなかなか埋まらない。

令和の代替わり儀式の前半部分が終わり、秋からいよいよ即位礼や大嘗祭が始まるという一九年の夏の終わり、神田の古本屋街の居酒屋で久しぶりに会った山川出版社の旧知の編集者が「記録として本に残しませんか」と熱心に勧めてくれた。むろん、天皇の退位は日本近現代史上第一級の史実であり、それがもたらした影響の行方には興味はあった。しかし、日々の代替わり取材のウオッチが精いっぱいで、トータルでもわずか六年足らずの皇室取材の蓄積しかない自分には目に余る対象に思えた。もともと厚い菊のカーテンに覆われた皇室取材は難しい。最後までためらいもあったが、自分が見てきたことと、折に触れて感じてきたことならば、書けるかもしれない。次の代替わりは、いつあるかわからない。最後は、時代の記録として、記者が見た代替わりの雰囲気を書き残すことにも意味があると思うことにした。代替わり儀式が一段落した同年十二月中旬から書き始め、三カ月ほどで書き下ろした。

東京新聞（中日新聞）に随時連載した「代替わり考」や「視点」などに書いた記事、コラムなどを下敷きに加筆した部分もあるが、本書は、天皇、皇后両陛下や上皇ご夫妻が出席した代替わり儀式、即位後の公務に密着した見聞記の余録がベースだ。儀式や公務の主役の姿だけでなく、その儀式にかかわった人間、儀式がつくられた時代背景や変遷などにも目配りしたつもりである。むしろ、後者に重点を置いたともいえる。これまでに貴重な証言や見解をいただいた学者や研究者、宮内庁関係者の皆様には深く感謝する。また、令和の代替わり儀式を最後まで一緒に取材した同僚の編集委員阿部博行をはじめ、歴代宮内庁担当の諸先輩や後輩諸氏にも世話になった。

気がつくと、約四年に及ぶ代替わり取材途中の一八年一月に還暦を迎えていた。定年後も定年前と生活のリズムが変わらなかったのは、この取材にかかわったおかげだと思っている。

*

本書をほぼ書き終えた二〇二〇年春、世界は新型コロナウイルスの猛威にさらされている。平成の代替わりの時には、東西冷戦が終焉するベルリンの壁が崩壊し、世界は新たな分断とテロとの戦いを強いられた。その後の日本はこうした苦難を乗り越え、平成の天皇は常に国民と共にある新たな象徴天皇像を構築した。今回の危機も国民の英知を結集して乗り越えていくと確信しているが、皇室がいつの時代も民を苦しめる飢饉《ききん》や疫病《えきびょう》の大流行に心を痛め、民政の安寧を祈ってきた歴史を忘れてはならないと思う。

二〇二〇年三月末日

著者

本書にとくに関連する「おことば」

（宮内庁ＨＰより）

象徴としてのお務めについての天皇陛下のおことば　〈２０１６〈平成28〉年８月８日〉

戦後70年という大きな節目を過ぎ、２年後には、平成30年を迎えます。

私も80を越え、体力の面などから様々な制約を覚えることもあり、ここ数年、天皇としての自らの歩みを振り返るとともに、この先の自分の在り方や務めにつき、思いを致すようになりました。

本日は、社会の高齢化が進む中、天皇もまた高齢となった場合、どのような在り方が望ましいか、天皇という立場上、現行の皇室制度に具体的に触れることは控えながら、私が個人として、これまでに考えて来たことを話したいと思います。

即位以来、私は国事行為を行うと共に、日本国憲法下で象徴と位置づけられた天皇の望ましい在り方を、日々模索しつつ過ごして来ました。伝統の継承者として、これを守り続ける責任に深く思いを致し、更に日々新たになる日本と世界の中にあって、日本の皇室が、いかに伝統を現代に生かし、いきいきとして社会に内在し、人々の期待に応えていくかを考えつつ、今日に至っています。

そのような中、何年か前のことになりますが、２度の外科手術を受け、加えて高齢による体力の低下を覚えるようになった頃から、これから先、従来のように重い務めを果たすことが困難になった場合、どのように身を処していくことが、国にとり、国民にとり、また、私のあとを歩む皇族にとり良いことであるかにつき、考えるようになりました。既に80を越え、幸いに健康であるとは申せ、次第に進む身体の衰えを考慮する時、これまでのように、全身全霊をもって象徴の務めを果たしていくことが、難しくなるのではないかと案じています。

私が天皇の位についてから、ほぼ28年、この間《かん》私は、我が国における多くの喜びの時、また悲しみの時を、人々と共に過ごして来ました。私はこれまで天皇の務めとして、何よりもまず国民の安寧と幸せを祈ることを大切に考えて来ましたが、同時に事にあたっては、時として人々の傍らに立ち、その声に耳を傾け、思いに寄り添うことも大切なことと考えて来ました。天皇が象徴であると共に、国民統合の象徴としての役割を果たすためには、天皇が国民に、天皇という象徴の立場への理解を求めると共に、天皇もまた、自らのありように深く心し、国民に対する理解を深め、常に国民と共にある自覚を自らの内に育てる必要を感じて来ました。こうした意味において、日本の各地、とりわけ遠隔の地や島々への旅も、私は天皇の象徴的行為として、大切なものと感じて来ました。皇太子の時代も含め、これまで私が皇后と共に行《おこな》って来たほぼ全国に及ぶ旅は、国内のどこにおいても、その地域を愛し、その共同体を地道に支える市井《しせい》の人々のあることを私に認識させ、私がこの認識をもって、天皇として大切な、国民を思い、国民のために祈るという務めを、人々への深い信頼と敬愛をもってなし得たことは、幸せなことでした。

天皇の高齢化に伴う対処の仕方が、国事行為や、その象徴としての行為を限りなく縮小していくことには、無理があろうと思われます。また、天皇が未成年であったり、重病などによりその機能を果たし得なくなった場合には、天皇の行為を代行する摂政を置くことも考えられます。しかし、この場合も、天皇が十分にその立場に求められる務めを果たせぬまま、生涯の終わりに至るまで天皇であり続けることに変わりはありません。

天皇が健康を損ない、深刻な状態に立ち至った場合、これまでにも見られたように、社会が停滞し、国民の暮らしにも様々な影響が及ぶことが懸念されます。更にこれまでの皇室のしきたりとして、天皇の終焉に当たっては、重い殯《もがり》の行事が連日ほぼ2ヶ月にわたって続き、その後喪儀《そうぎ》に関連する行事が、1年間続きます。その様々な行事と、新時代に関わる諸行事が同時に進行することから、行事に関わる人々、とりわけ残される家族は、非常に厳しい状況下に置かれざるを得ません。こうした事態を避けることは出来ないものだろうかとの思いが、胸に去来することもあります。

始めにも述べましたように、憲法の下《もと》、天皇は国政に関する権能を有しません。そうした中で、このたび我が国の長い天皇の歴史を改めて振り返りつつ、これからも皇室がどのような時にも国民と共にあり、相たずさえてこの国の未来を築いていけるよう、そして象徴天皇の務めが常に途切れることなく、安定的に続いていくことをひとえに念じ、ここに私の気持ちをお話しいたしました。

国民の理解を得られることを、切に願っています。

天皇陛下お誕生日に際し

（2018〈平成30〉年12月20日）

この1年を振り返るとき、例年にも増して多かった災害のことは忘れられません。集中豪雨、地震、そして台風などによって多くの人の命が落とされ、また、それまでの生活の基盤を失いました。新聞やテレビを通して災害の様子を知り、また、後日幾つかの被災地を訪れて災害の状況を実際に見ましたが、自然の力は想像を絶するものでした。命を失った人々に追悼の意を表するとともに、被害を受けた人々が1日も早く元の生活を取り戻せるよう願っています。

ちなみに私が初めて被災地を訪問したのは、昭和34年、昭和天皇の名代として、伊勢湾台風の被害を受けた地域を訪れた時のことでした。

今年も暮れようとしており、来年春の私の譲位の日も近づいてきています。

私は即位以来、日本国憲法の下で象徴と位置付けられた天皇の望ましい在り方を求めながらその務めを行い、今日までを過ごしてきました。譲位の日を迎えるまで、引き続きその在り方を求めながら、日々の務めを行っていきたいと思います。

第二次世界大戦後の国際社会は、東西の冷戦構造の下にありましたが、平成元年の秋にベルリンの壁が崩れ、冷戦は終焉《えん》を迎え、これからの国際社会は平和な時を迎えるのではないかと希望を持ちました。しかしその後の世界の動きは、必ずしも望んだ方向には進みませんでした。世界各地で民族紛争や宗教による対立が発生し、また、テロにより多くの犠牲者が生まれ、さらには、多数の難民が苦難の日々を送っていることに、心が痛みます。

以上のような世界情勢の中で日本は戦後の道のりを歩んできました。終戦を11歳で迎え、昭和27年、18歳の時に成年式、次いで立太子礼を挙げました。その年にサンフランシスコ平和条約が発効し、日本は国際社会への復帰を遂げ、次々と我が国に着任する各国大公使を迎えたことを覚えています。そしてその翌年、英国のエリザベス二世女王陛下の戴冠式に参列し、その前後、半年余りにわたり諸外国を訪問しました。それから65年の歳月が流れ、国民皆の努力によって、我が国は国際社会の中で一歩一歩と歩みを進め、平和と繁栄を築いてきました。昭和28年に奄美群島の復帰が、昭和43年に小笠原諸島の復帰が、そして昭和47年に沖縄の復帰が成し遂げられました。沖縄は、先の大戦を含め実に長い苦難の歴史をたどってきました。皇太子時代を含め、私は皇后と共に11回訪問を重ね、その歴史や文化を理解するよう努めてきました。沖縄の人々が耐え続けた犠牲に心を寄せていくとの私どもの思いは、これからも変わることはありません。

そうした中で平成の時代に入り、戦後50年、60年、70年の節目の年を迎えました。先の大戦で多くの人命が失われ、また、我が国の戦後の平和と繁栄が、このような多くの犠牲と国民のたゆみない努力によって築かれたものであることを忘れず、戦後生まれの人々にもこのことを正しく伝えていくことが大切であると思ってきました。平成が戦争のない時代として終わろうとしていることに、心から安堵《ど》しています。

そして、戦後60年にサイパン島を、戦後70年にパラオのペリリュー島を、更にその翌年フィリピンのカリラヤを慰霊のため訪問したことは忘れられません。皇后と私の訪問を温かく受け入れてくれた各国に感謝します。

次に心に残るのは災害のことです。平成3年の雲仙・普賢岳の噴火、平成5年の北海道南西沖地震と奥尻島の津波被害に始まり、平成7年の阪神・淡路大震災、平成23年の東日本大震災など数多くの災害が起こり、多くの人命が失われ、数知れぬ人々が被害を受けたことに言葉に尽くせぬ悲しみを覚えます。ただ、その中で、人々の間にボランティア活動を始め様々な助け合いの気持ちが育まれ、防災に対する意識と対応が高まってきたことには勇気付けられます。また、災害が発生した時に規律正しく対応する人々の姿には、いつも心を打たれています。

障害者を始め困難を抱えている人に心を寄せていくことも、私どもの大切な務めと思い、過ごしてきました。障害者のスポーツは、ヨーロッパでリハビリテーションのために始まったものでしたが、それを越えて、障害者自身がスポーツを楽しみ、さらに、それを見る人も楽しむスポーツとなることを私どもは願ってきました。パラリンピックを始め、国内で毎年行われる全国障害者スポーツ大会を、皆が楽しんでいることを感慨深く思います。

今年、我が国から海外への移住が始まって150年を迎えました。この間、多くの日本人は、赴いた地の人々の助けを受けながら努力を重ね、その社会の一員として活躍するようになりました。こうした日系の人たちの努力を思いながら、各国を訪れた際には、できる限り会う機会を持ってきました。そして近年、多くの外国人が我が国で働くようになりました。私どもがフィリピンやベトナムを訪問した際も、将来日本で職業に就くことを目指してその準備に励んでいる人たちと会いました。日系の人たちが各国で助けを受けながら、それぞれの社会の一員として活躍していることに思いを致しつつ、各国から我が国に来て仕事をする人々を、社会の一員として私ども皆が温かく迎えることができるよう願っています。また、外国からの訪問者も年々増えています。この訪問者が我が国を自らの目で見て理解を深め、各国との親善友好関係が進むことを願っています。

明年4月に結婚60年を迎えます。結婚以来皇后は、常に私と歩みを共にし、私の考えを理解し、私の立場と務めを支えてきてくれました。また、昭和天皇を始め私とつながる人々を大切にし、愛情深く3人の子供を育てました。振り返れば、私は成年皇族として人生の旅を歩み始めて程なく、現在の皇后と出会い、深い信頼の下、同伴を求め、爾来《じらい》この伴侶と共に、これまでの旅を続けてきました。天皇としての旅を終えようとしている今、私はこれまで、象徴としての私の立場を受け入れ、私を支え続けてくれた多くの国民に衷心より感謝するとともに、自らも国民の一人であった皇后が、私の人生の旅に加わり、60年という長い年月、皇室と国民の双方への献身を、真心を持って果たしてきたことを、心から労《ねぎら》いたく思います。

そして、来年春に私は譲位し、新しい時代が始まります。多くの関係者がこのための準備に当たってくれていることに感謝しています。新しい時代において、天皇となる皇太子とそれを支える秋篠宮は共に多くの経験を積み重ねてきており、皇室の伝統を引き継ぎながら、日々変わりゆく社会に応じつつ道を歩んでいくことと思います。

今年もあと僅かとなりました。国民の皆が良い年となるよう願っています。

天皇陛下御在位三十年記念式典
〈2019〈平成31〉年2月24日〉


在位三十年に当たり、政府並びに国の内外から寄せられた祝意に対し、深く感謝いたします。

即位から30年、こと多く過ぎた日々を振り返り、今日《こんにち》こうして国の内外の祝意に包まれ、このような日を迎えることを誠に感慨深く思います。

平成の30年間、日本は国民の平和を希求する強い意志に支えられ、近現代において初めて戦争を経験せぬ時代を持ちましたが、それはまた、決して平坦な時代ではなく、多くの予想せぬ困難に直面した時代でもありました。世界は気候変動の周期に入り、我が国も多くの自然災害に襲われ、また高齢化、少子化による人口構造の変化から、過去に経験のない多くの社会現象にも直面しました。島国として比較的恵まれた形で独自の文化を育ててきた我が国も、今、グローバル化する世界の中で、更に外に向かって開かれ、その中で叡智《えいち》を持って自らの立場を確立し、誠意を持って他国との関係を構築していくことが求められているのではないかと思います。

天皇として即位して以来今日《こんにち》まで、日々国の安寧と人々の幸せを祈り、象徴としていかにあるべきかを考えつつ過ごしてきました。しかし憲法で定められた象徴としての天皇像を模索する道は果てしなく遠く、これから先、私を継いでいく人たちが、次の時代、更に次の時代と象徴のあるべき姿を求め、先立つこの時代の象徴像を補い続けていってくれることを願っています。

天皇としてのこれまでの務めを、人々の助けを得て行うことができたことは幸せなことでした。これまでの私の全ての仕事は、国の組織の同意と支持のもと、初めて行い得たものであり、私がこれまで果たすべき務めを果たしてこられたのは、その統合の象徴であることに、誇りと喜びを持つことのできるこの国の人々の存在と、過去から今に至る長い年月に、日本人がつくり上げてきた、この国の持つ民度のお陰でした。災害の相次いだこの30年を通し、不幸にも被災の地で多くの悲しみに遭遇しながらも、健気《けなげ》に耐え抜いてきた人々、そして被災地の哀《かな》しみを我が事とし、様々な形で寄り添い続けてきた全国の人々の姿は、私の在位中の忘れ難い記憶の一つです。

今日この機会に、日本が苦しみと悲しみのさ中にあった時、少なからぬ関心を寄せられた諸外国の方々にも、お礼の気持ちを述べたく思います。数知れぬ多くの国や国際機関、また地域が、心のこもった援助を与えてくださいました。心より深く感謝いたします。

平成が始まって間もなく、皇后は感慨のこもった一首の歌を記しています。

ともどもに平《たひ》らけき代《よ》を築かむと諸人《もろひと》のことば国うちに充《み》つ

平成は昭和天皇の崩御と共に、深い悲しみに沈む諒闇《りょうあん》の中に歩みを始めました。そのような時でしたから、この歌にある「言葉」は、決して声高に語られたものではありませんでした。

しかしこの頃、全国各地より寄せられた「私たちも皇室と共に平和な日本をつくっていく」という静かな中にも決意に満ちた言葉を、私どもは今も大切に心にとどめています。

在位三十年に当たり、今日《こんにち》このような式典を催してくださった皆様に厚く感謝の意を表し、ここに改めて、我が国と世界の人々の安寧と幸せを祈ります。

退位・即位に至る経過年表

年号		できごと
1989年（平成1）	1月	昭和天皇逝去、新天皇即位。天皇（現上皇）55歳。即位後朝見の儀で「皆さんとともに日本国憲法を守り…」
	2月	昭和天皇の大喪の礼
	8月	即位会見で天皇は「憲法に定められた天皇の在り方を念頭に置き、天皇の務めを果たしていきたい」と述べた
1990年（平成2）	11月	即位礼正殿の儀で天皇は「日本国憲法を遵守し、日本国及び日本国民統合の象徴としての務めを果たすことを誓い…」
1991年（平成3）	6月	雲仙・普賢岳大規模火砕流発生
	7月	天皇皇后が島原市訪問
1993年（平成5）	4月	天皇として沖縄を初訪問
	10月	皇后が失声症に
1995年（平成7）	1月	阪神・淡路大震災
	7~8月	天皇皇后、戦後50年にあたり長崎、広島、沖縄を訪問
	8月	戦後50年
2000年（平成12）	6月	香淳皇后が逝去
2003年（平成15）	1月	天皇が前立腺の全摘出手術

	11月	即位後47都道府県を一巡
2004年（平成16）	5月	皇太子（現天皇）が外国訪問前会見で「それまでの雅子のキャリアや、そのことに基づいた雅子の人格を否定するような動きがあったことも事実です」と発言
2005年（平成17）	1月	小泉政権が皇室典範に関する有識者会議を設置
	6月	天皇皇后が戦後60年でサイパン訪問
	11月	小泉政権の有識者会議が女性・女系天皇を認める報告書をまとめる
2006年（平成18）	9月	秋篠宮家に悠仁親王誕生
	12月	羽毛田宮内庁長官が会見で「陛下は皇統の問題をはじめとして、皇室にかかわるもろもろの問題をご憂慮」と発言
2009年（平成21）	1月	宮内庁が天皇の負担軽減策を発表。天皇が在位20年
2010年（平成22）	7月	天皇が参与会議で退位に言及。「80歳までつとめる」。天皇76歳
2011年（平成23）	3月	東日本大震災。天皇がビデオメッセージ
	4月〜	7週連続で天皇皇后が被災地訪問
	11月	秋篠宮が誕生日会見の質問に答える形で「定年制は必要」
2012年（平成24）	2月	天皇が心臓のバイパス手術。天皇78歳
	3月	皇后の発案による三者会談開始？　この頃から羽毛田長官が同席
	6月	羽毛田長官が退任会見で「ブータンのようにある年齢で退位なさる制度になっていれば」
	10月	野田政権が女性宮家の創設に向けた論点整理を公表
2013年（平成25）	11月	宮内庁が天皇皇后の火葬方針を発表

2015年（平成27）	2月	皇太子55歳の誕生日。父である天皇が即位した年齢に
	4月	天皇皇后が戦後70年でパラオ訪問 参与会議でビデオメッセージ案も検討
	12月	天皇82歳の誕生日会見。「年齢というものを感じることも多くなり、行事の時に間違えることもありました」
2016年（平成28）	1月	天皇皇后がフィリピン訪問
	7月	NHKが「陛下は生前退位の意向」と報道
	8月	天皇がビデオメッセージで「おことば」。「2年後には平成30年を迎えます」
	10月	政府の有識者会議が初会合
	12月	天皇83歳の誕生日会見で「ここ数年考えてきたことを内閣とも相談しながら表明した」
2017年（平成29）	1月	政府の有識者会議が論点整理を公表
	2～3月	天皇皇后が最後の外国訪問となるベトナム、タイに
	3月	与野党が退位は特例法で合意
	4月	政府の有識者会議が最終報告
	6月	退位特別法が国会で可決・成立
	12月	皇室会議で天皇退位19年4月30日、新天皇即位・改元同年5月1日決定 天皇84歳の誕生日
2018年（平成30）	3月	天皇皇后、最後の沖縄訪問
	6月	天皇皇后、全国植樹祭出席のため、福島訪問

	8月	天皇皇后、北海道訪問、最後の離島訪問となる利尻島へ
	12月	天皇85歳の誕生日
2019年（平成31）	1月7日	昭和天皇没後30年式年祭
	2月24日	天皇在位30周年記念式典
	4月1日	新元号の発表
	4月17日〜19日	天皇皇后、退位報告のため伊勢神宮へ。最後の地方訪問
	4月30日	天皇、退位礼正殿の儀に臨む
（令和1）	5月1日	皇太子が新天皇に即位（剣璽等承継の儀、即位後朝見の儀）
	4日	即位一般参賀
	8日	賢所期日奉告の儀
	13日	斎田点定の儀
	27日	トランプ米国大統領との会見、宮中晩餐会
	6月1〜2日	天皇皇后、全国植樹祭出席のため愛知訪問
	7月26日	大嘗宮地鎮祭
	9月7〜8日	天皇皇后、豊かな海つくり大会出席のため秋田訪問
	16〜17日	天皇皇后、国民文化祭出席のため新潟訪問
	9月27日	斎田抜穂の儀
	28〜29日	天皇皇后、国民体育大会出席のため茨城訪問

	10月20日	上皇后、85歳の誕生日
	22日	即位礼当日賢所大前の儀、即位礼正殿の儀、饗宴の儀（25日、28日、31日も）
	23日	総理夫妻主催晩餐会
	11月10日	祝賀御列の儀
	14～15日	大嘗宮の儀
	21～23日	天皇皇后、親謁の儀出席のため伊勢神宮参拝
	25日	天皇、ローマ教皇と会見
	26～28日	天皇皇后、親謁の儀と京都茶会出席のため奈良、京都訪問
	11月30日	秋篠宮、54歳の誕生日
	12月1日	天皇家の長女愛子内親王が18歳の誕生日
	9日	皇后、56歳の誕生日
	23日	上皇、86歳の誕生日
	26日	天皇皇后、台風被害の宮城、福島訪問
2020年（令和2）	1月1日	即位後初の新年祝賀の儀
	2日	新年一般参賀
	2月23日	天皇、即位後初の誕生日（60歳）
	4月19日	秋篠宮の立皇嗣宣明の儀が予定されていたが延期に

主な参考文献

稲田智宏『三種の神器』学研新書、2007年
井上亮『天皇と葬儀　日本人の死生観』新潮選書、2013年
岩井克巳『宮中取材余話　皇室の風』講談社、2018年
岡田莊司『大嘗祭と古代の祭祀』吉川弘文館、2019年
折口信夫『古代研究Ⅲ　民俗学編3』角川ソフィア文庫、2017年
笠原英彦『歴代天皇総覧』中公新書、2001年
霞会館『御料車と華族の愛車』霞会館、2018年（非売品）
片山杜秀・島薗進『近代天皇論「神聖」か、「象徴」か』集英社新書、2017年
鎌田純一『平成大禮要話　即位禮・大嘗祭』錦正社、2003年
川島裕『随行記　天皇皇后両陛下にお供して』文藝春秋、2016年
工藤隆『大嘗祭　天皇制と日本文化の源流』中公新書、2017年
宮内庁『昭和天皇実録』全十九冊　東京書籍、2015～2019年
宮内庁『平成大礼記録』宮内庁、1994年
宮内庁書陵部編纂『皇室制度史料　儀制　立太子一』吉川弘文館、2015年
宮内庁書陵部編纂『皇室制度史料　儀制　立太子二』吉川弘文館、2017年
皇室事典編集委員会編著『皇室事典　制度と歴史』角川ソフィア文庫、2019年
皇室事典編集委員会編著『皇室事典　文化と生活』角川ソフィア文庫、2019年
國學院大學博物館企画展『大嘗祭』國學院大學博物館、2019年
椎谷哲夫『皇室入門』幻冬舎新書、2018年
園部逸夫『皇室法概論　復刻版』第一法規、2016年

園部逸夫『皇室法入門』ちくま新書、２０２０年
高橋紘・所功『皇位継承　増補改訂版』文春新書、２０１８年
高橋紘『象徴天皇』岩波新書、１９８７年
高橋紘『天皇家の仕事　読む「皇室事典」』文春文庫、１９９６年
高橋紘『平成の天皇と皇室』文春新書、２００３年
高森明勅『天皇と民の大嘗祭』展転社、１９９０年
竹内正浩『旅する天皇』小学館、２０１８年
田島公編「陽明文庫　近衛家伝来の至宝」吉川弘文館、２０１９年
外池昇『天皇陵「聖域」の歴史学』講談社学術文庫、２０１９年
所功『皇位継承のあり方』ＰＨＰ新書、２００６年
中島三千男『天皇の「代替わり」儀式と憲法』日本機関紙出版センター、２０１９年
中村賢二郎『続　吹上の季節』杉野学園出版部、２０１２年
徳仁親王『水運史から世界の水へ』ＮＨＫ出版、２０１９年
徳仁親王『テムズとともに―英国の二年間』学習院教養新書、１９９３年
原武史・吉田裕編『岩波　天皇・皇室辞典』岩波書店、２００５年
原武史『大正天皇』朝日選書、２０００年
原武史『平成の終焉』岩波新書、２０１９年
春名宏昭ほか『皇位継承』山川出版社、２０１９年
藤田覚『光格天皇』ミネルヴァ書房、２０１８年
本郷和人『上皇の日本史』中公新書ラクレ、２０１８年
御厨貴編著『天皇退位何が論じられたのか』中央選書、２０２０年
村上重良編『皇室辞典　新装版』東京堂出版、１９９３年

主な参考文献

明成社編『皇太子殿下　皇位継承者としてのご覚悟』明成社、２０１０年
森暢平『天皇家の財布』新潮新書、２００３年
柳田国男「大嘗祭ニ関スル所感」『柳田国男全集13』所収　ちくま文庫、１９９０年
横田耕一『憲法と天皇制』岩波新書、１９９０年
吉田裕・瀬畑源・河西秀哉編『平成の天皇制とは何か』岩波書店、２０１７年
吉野裕子『天皇の祭り』講談社学術文庫、２０００年
渡邉允『天皇家の執事　侍従長の十年半』文春文庫、２０１１年

宮内庁ホームページ
東京（中日）、朝日、読売、毎日、日経、産経の新聞各紙

著　者
吉原　康和　よしはら・やすかず
1957年茨城県生まれ。立命館大学卒。86年東京新聞（中日新聞東京本社）入社。東京本社編集局社会部で、警視庁、運輸省（現在の国土交通省）、警察庁、宮内庁などを担当。その後、特別報道部デスク、水戸、横浜両支局長、写真部長を経て現在、編集委員。宮内庁担当は、平成から令和の代替わりを中心に通算６年。著書に『靖国神社と幕末維新の祭神たち―明治国家の英霊創出―』（吉川弘文館、2014年）、共著に『指定管理者制度の現場』（学陽書房、2006年）がある。

組版：キャップス
写真・図版協力：東京新聞
※本文中、提供先の表記がない写真は、すべて東京新聞提供

令和《れいわ》の「代替《だいが》わり」――変《か》わる皇室《こうしつ》、変《か》わらぬ伝統《でんとう》
2020年4月12日　第1版第1刷印刷
2020年4月25日　第1版第1刷発行
著　者　吉原康和
発行者　野澤伸平
発行所　株式会社山川出版社
東京都千代田区内神田1-13-13　〒101-0047
電話　03(3293)8131(営業)
03(3293)1802(編集)
印　刷　株式会社太平印刷社
製　本　株式会社ブロケード
装　丁　黒岩二三[fomaihaut]
https://www.yamakawa.co.jp/

ISBN 978-4-634-15166-6